《艺术之约》（音乐卷）

主 编/音 渭　景作人

艺术之约

Mozart

莫扎特

刘新华 音渭 编著

山西出版传媒集团
山西教育出版社

图书在版编目（CIP）数据

莫扎特 / 音渭，景作人主编；刘新华，音渭编著. -- 太原 :山西教育出版社，2015.9

（艺术之约）

ISBN 978-7-5440-6267-1

Ⅰ.①莫… Ⅱ.①音… ②景… ③刘… Ⅲ.①莫扎特，W.A.（1756-1791）-传记 Ⅳ.①K835.215.76

中国版本图书馆CIP数据核字(2015)第054133号

艺术之约·莫扎特

（YISHU ZHI YUE MOZHATE）

音渭、景作人 主编 刘新华、音渭 编著

出 品 人 雷俊林

策 划 人 孙 轶 魏雪萍

责任编辑 霍 艳

装帧设计 王春声

出版发行 山西出版传媒集团·山西教育出版社

（地址：太原市水西门街馒头巷7号 电话：0351-4729801 邮编：030002）

印 装 山西臣功印刷包装有限公司

开 本 889×1194 1/32

印 张 6.625

字 数 101千字

版 次 2015年9月第1版 2015年9月山西第1次印刷

书 号 ISBN 978-7-5440-6267-1

定 价 31.90元

来赴一场艺术之约

（代序）

每个人都与艺术有缘。

不管你是否懂音乐，总会有一些动人的旋律在你人生经历的各个场合一次次响起，种进你的心里。

不管你是否爱音乐，总会有一些耳熟能详的名字被一次次提起，深深刻在你的脑海里，构成你的基本常识。

总有一次次的邂逅，你愕然发现某一段熟悉的旋律是来自某一位音乐巨匠的某一首经典名曲，恰如卯榫，完成了超越时空的契合。

永恒的作品，永恒的作者，是伴随我们的文明之路一直前行的。而这套书，便是一封跨越世纪的邀请函，翻开它，来赴一场艺术之约。

它讲的是音乐家的人生，同时用人生的河流串起每一处绝妙的风景，即音乐家们的作品。他们的生命从哪里开始，他们有怎样的家庭、怎样的童年、怎样的爱情、怎样的病痛，又怎样成长、怎样探索、怎样谋生，那些伟大的作品又是在什么情况下诞生……你会在这里一一找到答案。

他们其实不是艺术圣坛上那一张用来膜拜的画像，而是跟我们每个人一样，有血有肉，有哀有乐。巴赫一生与两位妻子结婚，生有20个子女，但只有10个成活；天才的莫扎特只有短短35年的人生，而舒伯特更短，只有31年；瓦格纳娶了李斯特的女儿；勃拉姆斯是舒曼的学生；贝多芬中年失聪；舒曼饱受精神病的折磨……每一首曲子，都不再是唱片上的音符，而是与鲜活的生命相联系。你从未如此真切地感受那些乐曲是由怎样的双手来谱写和演奏的。

当这许多位音乐家汇集到一起，便串起了一部音乐史，他们是音乐史的链条上最璀璨的珍珠。每一位艺术家都不是孤立的，而是互相呼应，他们是自己的传主，同时又是其他传主的背景。有时，几位名家同时出现或前后承接，你会发现他们在时间和空间上竟如此相近，你仿佛来到了19世纪维也纳的鼎盛时期，教堂的管风琴、酒馆的乐队、音乐厅的歌剧、贵族城堡的沙龙，处处有音乐缭绕。你与他们擦肩而过，他们正在去宫廷演奏的路上，正在教堂指挥着唱诗班，正在学院与其他派别争论。

你的音乐素养不再停留在几段旋律、几个名字上，你与艺术的联系更加紧密。你会在一场音乐会上等待最精彩的乐章，你会在子女接受音乐教育时找出最经典的练习曲，你会在某个地方旅行时说出哪位音乐家曾与你走过同一段路。

更重要的——你会更加深刻地感受到艺术的美好，享受精神的盛宴。贝多芬的《命运交响曲》，那雷霆万钧的激昂力量；舒伯特的《小夜曲》，那如银河繁星般浪漫的梦境；瓦格纳的《婚礼进行曲》，那如天宫圣殿般的纯洁神圣；柴可夫斯基的《第一交响曲》，那如海上旭日般的华美绚烂……

林　琦

2015 年 6 月于北京

目　　录

第1章 童年（1756—1762）

早产的音乐天才

1756年1月27日，莫扎特出生在萨尔茨堡的一个乐师家庭。

“萨尔茨堡”在德语中的意思为“盐堡”，这个名字第一次出现是在755年，因附近的盐矿和城堡而得名，当时萨尔茨堡主教主要的收入来源就是垄断盐的销售。739年萨尔茨堡成为主教的驻地，798年4月20日，应法兰克国王查理大帝的请求，教宗利奥三世将萨尔茨堡升格为大主教的驻地，管辖几乎整个老巴伐利亚地区，即下巴伐利亚、上巴伐利亚、上普法尔茨和如今奥地利的大部分地区。此后萨尔茨堡曾先后是属于东法兰克王国、神圣罗马帝国、

15 世纪后德意志神圣罗马帝国的领地。

大主教埃贝哈德二世在萨尔茨堡的历史上起着至关重要的作用。他在 1200 年至 1246 年间将封建贵族的统治权、司法权和城市的管理权集于一身，使大主教成为萨尔茨堡的最高统治者，而他也由于出色的执政能力被誉为“萨尔茨堡之父”。1328 年在大主教的授权下，萨尔茨堡逐渐成为神圣罗马帝国内的一个独立国家。

莫扎特的父亲莱奥波德·莫扎特，是萨尔茨堡非常著名的音乐家，曾经担任萨尔茨堡宫廷乐队的小提琴手、作曲家和乐队指挥。后来，他还成为萨尔茨堡的宫廷乐长。莱奥波德先生在耶稣会接受了整整 12 年的教育，他在萨尔茨堡大学攻读过神学、哲学和法学，并获得了哲学博士学位。他创作了很多乐曲，比如《雪橇滑行》《维也纳套曲》《乡村婚礼》等。其中他所创作的一部《小提琴演奏法》更是具有广泛的社会影响力，一直被当时的音乐界视为学习小提琴的必读教材。良好的教育和对音乐的挚爱，促使莱奥波德先生悉心地培养着自己子女的音乐技能。他内心可能希望有一天，自己的子女也可以像自己一样成为宫廷乐队的一员，甚至成为乐长。

莫扎特出生的时候属于早产，是父母的悉心照料才使他能够顺利健康成长起来。在莫扎特心目中，莱奥波德先生是仅次于上帝的人。他经常将“上帝第一，爸爸第二”挂在嘴边。在童年时代，父亲为自己的儿子东奔西走，付出了作为一个父亲所能付出的一切。虽然在莱奥波德先生晚年同莫扎特就未来前途发展问题的讨论上发生了一些冲突，但这丝毫没有影响到莫扎特对父亲的敬重和深深的爱。莫扎特曾经在一封给父亲的信中提道：“我对我的三个朋友充满了信心。他们是上帝、您和我自己的智慧!”作为一名笃信天主教的虔诚教徒和一位清高的音乐天才，他将父亲摆在与上帝和自己的智慧同等重要的地位上，由此可以看出父亲在莫扎特生命中的特殊地位。

莫扎特的母亲玛利亚曾经是修道院的养女，是一个性情温和、无私的女人。在1747年11月21日，她嫁给了莱奥波德先生。之后他们的爱情孕育出了七个子女，但是非常不幸的是，其中有五个孩子都夭折了。莫扎特是最小的一个孩子，而他的姐姐娜内尔是第四个孩子，要比莫扎特大五岁。莫扎特的母亲不像他的父亲那样才华卓著，但是她却将自己的一生都无私地奉献给了自己的丈夫和子女，晚年在陪伴莫扎特寻找音乐梦想的旅途中溘然长逝。

在莱奥波德先生的培养下，莫扎特和姐姐娜内尔从小就打下了很好的音乐功底。

父母对莫扎特无私的爱，成为莫扎特成长和成才最大的推动力。刚刚出生的小莫扎特可能还不知道，一切成功的因素都已经为他准备好了，一个音乐天才将要从萨尔茨堡走向欧洲，走向全世界！

播下音乐的种子

莱奥波德·莫扎特在萨尔茨堡是颇受人尊敬的小提琴家、作曲家。可能是对音乐特别敏感，也可能是有意无意之中给孩子们种下了音乐的种子，幸存下来的两个孩子，都具有非凡的音乐才华。

在莫扎特还不到一岁的时候，莱奥波德就已经发现了他的音乐才华。母亲轻轻哼着摇篮曲，小莫扎特就会会心地笑起来。但是当没有音乐天赋的女仆特雷瑟尔用粗陋的声音哼唱歌曲的时候，小莫扎特就会轻撇嘴唇，露出痛苦的表情，甚至会哭起来。而当莱奥波德弹奏钢琴的时候，小莫扎特会轻声地模仿钢琴的声音。可当他的学生用小提琴拉出不和谐的声音的时候，小莫扎特就会如同痉挛一般地痛苦号哭。

孩子慢慢长大，转眼已经三岁了。小莫扎特每天在教堂的钟声中醒来。醒来之后，他首先回味的便是刚才那几声钟声。那钟声中有几个音？两个，还是三个？外面的钟声已经停了，那么该如何确认自己的想法呢？小莫扎特费劲地爬起来，光着脚丫踉踉跄跄地走向钢琴。他费尽力气爬上椅子，然后打开钢琴的盖子。房间里空无一人，没有人能制止这个小家伙做这么危险的事情。他开始试音了！“叮……叮……”他好像找到了那个音，但又好像不是。他反反复复地来回找着，他在谛听。

门打开了，莱奥波德先生神情惊诧地站在门口。他望着眼前的一切惊呆了！小莫扎特只有三岁啊！莱奥波德先生将小莫扎特揽在怀里，坐下来开始一个音一个音地轻点钢琴，然后对孩子解释应该如何演奏。但是小莫扎特真的能听懂吗？莱奥波德先生不知道，但也不在乎。他乐在其中，这是他最幸福的时刻。

如果说这些只是莫扎特音乐才能的隐约显现，那么到了四岁的时候，莫扎特的音乐才华终于真正表现出来了！

童年莫扎特

有一次，莱奥波德与一位朋友一起回到自己家中，看到四岁的儿子正聚精会神地趴在五线谱纸上写东西。

“小莫扎特，你在做什么呢?”莱奥波德问道。

“我在作曲。”孩子的言行使两位大人相视一笑。

拿起小莫扎特刚刚写好的、墨迹未干的稿子，两位大人认真读起来。刚开始，他们是怀着戏谑的心情看。但看着看着，他们的表情便严肃起来。

“他好像真的写了些什么。但这个不能用，因为太难了，没有人会演奏它啊!”莱奥波德惊叹道。这将是一颗冉冉升起的音乐新星！莱奥波德内心的激动溢于言表。他下定决心一定要让小莫扎特成为伟大的音乐家。

为使小莫扎特能迅速成长，莱奥波德竭尽心血，精心栽培，他对儿子的学习与训练是极为严格的。除了复杂的音乐理论与演奏技能外，莫扎特还得学习拉丁文、法文、意大利文、英文以及文学和历史等等。

小莫扎特的快速成长，也激励着姐姐娜内尔。她勤奋练习，到十岁的时候，已经成为一名小有名气的小提琴演奏家了。小莫扎特已经五岁了，虽然他并没有存心与姐姐一争高下，但是他似乎已经确确实实地超越了姐姐！他甚至无师自通地掌握了小提琴的演奏技巧。

姐姐娜内尔

有一天，莱奥波德和自己的朋友沙赫特内尔、温采尔一道回家。温采尔是萨尔茨堡宫廷乐队的第一小提琴手。今天他写了几首三重奏，来向莱奥波德先生请教。正当三人分配任务、准备演奏这几首新曲子的时候，小莫扎特自己拎着一把小提琴过来，主动问自己是不是能拉第二小提琴的位置。莱奥波德认为小莫扎特在胡闹，因为自己还从未教过莫扎特小提琴的演奏技巧。但是两个朋友却觉得五岁的小莫扎特乖巧可爱，有意逗他玩，因此同意让小莫扎特拉拉看。演奏开始之后，原本担任第二小提琴手位置的沙赫特内尔故意停止了演奏，看小莫扎特的演奏如何。结果，小莫扎特将自己的声部从头拉到尾，一次也没有停顿。虽然说技术上并不纯熟，但却完全能说得过去。

随着小莫扎特逐渐长大，莱奥波德也认为该让小莫扎特慢慢熟悉管弦乐队的各种乐器了，因为他想让自己的儿子进入萨尔茨堡宫廷乐队。小莫扎特也没有辜负父亲的期望。他在宫廷乐队里得到了所有人的喜爱，并逐渐通晓了各种各样的乐器，自己的音乐技巧渐渐成熟起来。

在小莫扎特六岁的时候，莱奥波德第一次让自己的两个孩子娜内尔和小莫扎特在一次宫廷音乐会上演奏。演出非常成功。这次演出的成功也激励了莱奥波德，他决定要带两个孩子出去见见世面。

莱奥波德专门请了三个月假，携全家踏上了去往维也纳的旅程。美好的未来在召唤着小莫扎特，天才即将震撼欧洲！

第2章：欧洲巡演（1762—1771）

从1762年起，在父亲的带领下，莫扎特和姐姐娜内尔开始了漫游整个欧洲大陆的旅行演出。他们到过慕尼黑、法兰克福、波恩、维也纳、巴黎、伦敦、米兰、波隆那、佛罗伦萨、那不勒斯、罗马、阿姆斯特丹等等许多地方。所到之处，都受到了人们的热情欢迎，小莫扎特“音乐神童”的美名传遍了整个欧洲。

维　也　纳

维也纳和萨尔茨堡的贵族之间有很多亲缘关系。而维也纳在当时也是欧洲文艺的重镇，尤其是音乐的天堂。因此，莱奥波德带着自己的两个孩子奔赴维也纳，希望能够在这里为自己的孩子开启更加光明的音乐人生。

莫扎特一家在维也纳待了还不到两天，就有维也纳贵族家庭的总管出现在他们面前，希望莱奥波德带着自己的两个孩子为他们的主人演出。

他们首先造访了科拉尔多伯爵，然后又为齐岑多夫伯爵演出，甚至还为当时的副首相科洛莱多伯爵演出。这些达官贵人在莫扎特未来的生命中也扮演了重要的角色。其中，副首相科洛莱多伯爵的儿子小科洛莱多，最后甚至远赴萨尔茨堡，成了萨尔茨堡的主人，成为影响莫扎特一生的最关键的人物之一。

他们所到之处都受到了热烈的欢迎，演出非常成功。尤其是当六岁的小莫扎特为人们带来如痴如醉的音乐享受的时候，这些高傲的贵族们毫不吝惜自己的喝彩、爱抚和拥抱。终于，他们得到皇帝的命令，在 1762 年 10 月 13 日下午 3 点为皇帝演出。

这真是一个历史性的时刻！

莱奥波德夫妇带着两个孩子来到舍恩布伦宫。当通往音乐厅的大门打开，一位官吏喊出：“萨尔茨堡宫廷乐长和他的家人到！”此时，莱奥波德感觉自己仿佛置身于天堂！

维也纳舍恩布伦宫，莫扎特六岁时在此为皇帝表演。

皇帝弗朗茨是一位音乐行家。他向莱奥波德一家人投以赞许的目光。演出开始，年龄小却不怯场的小莫扎特首先出场。他走到舞台中间，却不小心滑了一跤。爬起来，他爬上专门垫了枕头的凳子，准备弹奏钢琴。

“我喜欢这架钢琴。”小莫扎特喃喃地说。

莱奥波德准备让小莫扎特演奏孩子自己创作的三首小步舞曲。当他将这个想法禀告给皇帝之后，皇帝轻声说：“你肯定也帮了一些忙吧。”莱奥波德意识到皇帝可能不相信自己儿子的音乐才华，因此主动要求希望皇帝给一个基础低音，然后让小莫扎特即兴创作一首小步舞曲。

皇帝兴奋起来。他来到钢琴旁边，翻开乐谱，随意地弹了一个八分音符的低音。然后说：“你这个小鬼，有什么本事，就尽情地施展出来吧！”

小莫扎特一点儿也不怯场，他开始弹奏。一首美妙的小步舞曲顺畅地流淌出来。他甚至在演奏中间告诉皇帝：“陛下，看来您比首相大人懂得多了。要是他，我随便弹奏那三首旧的小步舞曲中的任何一首，他都不会察觉出来的！”

此话引起众人一片笑声。

皇后提议让小莫扎特演奏当时著名音乐家瓦根扎尔的

作品。这部奏鸣曲非常艰深，难度非常高。没想到，小莫扎特随即开始演奏起来，其演出之流畅、表达之精准感染了在场的每一个人。

在两个孩子都表演完之后，皇帝主动邀请莱奥波德与自己共同演奏一首瓦根扎尔的小提琴奏鸣曲。在演奏中间，皇帝不小心按错了一个键位。莱奥波德注意到了这一点，但却不好意思讲明，只好硬着头皮准备往下拉。但没想到，小莫扎特这时候突然跳了起来，大声喊道："拉错了！"莱奥波德非常紧张，但没想到皇帝很大度地说："的确拉错了，我们重新来。"皇宫贵族一阵欢笑。

那是一个永载史册的夜晚。

第二天，皇帝派人给莱奥波德夫妇送来一百个皇家金币。这比莱奥波德在萨尔茨堡全年的收入还要多很多。除此之外，还赠送给娜内尔和小莫扎特两件华美的节日服装。皇后捎话来说，希望看到孩子们穿着这身服装再次出现在他们面前。

在此后的几天里，维也纳的贵族争相邀请孩子们去为他们演出。小莫扎特和姐姐在维也纳掀起了一阵狂热。

但在 10 月 21 日，他们又一次为皇帝和皇后演出的时候，小莫扎特却病倒了。当时的医生诊断，他患了猩红热。

但好在小莫扎特很快就康复了。在康复之后，全家人结束了在维也纳的演出，1763 年初回到萨尔茨堡。

巴　　黎

在维也纳的巨大成功，为莱奥波德指明了未来的道路。他要让自己的孩子成为最成功的音乐家。

经过几个月的筹备，在 1763 年 6 月 9 日，莫扎特一家踏上了前往慕尼黑的旅程。结束在慕尼黑的演出之后，他们又在很多国家和地区停留并演出。其中在巴黎，小莫扎特创造了辉煌。

当时，莱奥波德带着小莫扎特拜访了奥尔良公爵的秘书格林先生。格林先生是莱奥波德的同胞。小莫扎特为他表演了很多高难度的曲子，这使得格林先生目瞪口呆。小莫扎特甚至在演奏完高难度曲子之后，即兴为格林先生表演了一首清新而粗犷的新曲。

“这是谁写的?”格林先生问道。

“我写的。”小莫扎特的回答让格林先生大跌眼镜，“我要写一首奏鸣曲。这个是我在布鲁塞尔的时候开始写的。”格林先生从内心开始对小莫扎特怀有崇高的敬意。然后，在格林先生的帮助之下，小莫扎特得以有机会进入康蒂亲王的府邸进行表演。奥尔良公爵的夫人，正是康蒂亲王的妹妹。

这是一个法国上流社会的沙龙，集齐了巴黎最富有的人和最有权势的人。当莱奥波德带领小莫扎特和娜内尔来到亲王官邸的时候，德国音乐家肖贝特先生正在即兴表演钢琴曲。小莫扎特听得入神。在肖贝特先生表演结束之后，小莫扎特和姐姐娜内尔进行了一场成功的表演，就像他们在维也纳所做的那样。

表演结束之后，肖贝特先生来到小莫扎特身旁。小莫扎特迫不及待地问肖贝特：“你刚才弹的是什么曲子啊?”

“不是什么曲子，是我即兴弹奏的!”

“钢琴可以这样弹吗?”

“当然可以，没有人会阻止你!”肖贝特先生给小莫扎特以极大的鼓励。

“那我马上就想试试!”

小莫扎特说完就重新来到钢琴旁边。原来以为表演已经结束的达官显贵们，没想到小莫扎特还会重新回来。他们马上安静下来，开始静心聆听小莫扎特的演奏。

这时候小莫扎特想起了离开故乡之前，他同父亲、母亲和姐姐在萨尔茨堡周边的美丽群山之中漫游的情景：傍晚，他们在萨尔察赫河旁边的一个村庄休息。这时，快乐的人们聚集过来，开始唱歌跳舞。刚开始是一些欢快的歌曲，后来有人唱起了一首歌。那首歌是身在异乡的萨尔茨堡人怀念美丽家园、美丽故乡和故乡亲人的歌曲。是啊，小莫扎特已经跟随爸爸经过了那么长时间的旅行，离开萨尔茨堡好久了，孩子心中已经思念起家乡。心中的感情，化为指下的琴声，想象奔腾，旋律开始翱翔……

达官显贵们倾听着他的弹奏，听出了其中的思念，听出了其中的童真。当最后一个音符戛然而止，人们报以最热烈的掌声。小莫扎特从音乐中回过神来，似乎也经历了一次心灵的历程。这种经历是他从未有过的。他开始找肖贝特先生，但是肖贝特先生已经提前离开了。

之后，肖贝特先生专门带给小莫扎特自己的手稿——一大捆乐谱，都是肖贝特先生的心血之作。小莫扎特感觉到自己的音乐开始打破束缚，有了更加光辉灿烂的前景。

巴黎凡尔赛宫，莫扎特七岁时在此为法国国王演出。

凡尔赛宫传来了好消息——国王邀请小莫扎特在圣诞之后前往凡尔赛宫演出。为了准备在凡尔赛宫的演出，小莫扎特需要尽快完成新作品的创作。这时候，小莫扎特已经完全被肖贝特的艺术吸引了。他将肖贝特作为自己的导师，全身心地钻研他的手稿，并进行自己作品的创作。

运用肖贝特的理论和思维进行创作，就要对之前的思路进行颠覆。小莫扎特将自己原作品的第一乐章烧掉，完全重新开始创作。最后，作品终于完成了。莱奥波德读着小莫扎特的作品，感觉到这完全不是自己教给儿子的东西，而是异常优美的、充满生命活力的作品！作品的成熟程度甚至超越了肖贝特。

在圣诞节，莱奥波德带领自己的两个孩子首先拜访了朋巴铎侯爵夫人。陆陆续续地，他们也为皇宫中很多贵妇进行了表演。但是一直还没有见到国王本人。王后的二女儿——八岁的维克多莉公主，很快就同小莫扎特成了好朋友。或者说，维克多莉公主对小莫扎特着迷。

很快，元旦来了。凡尔赛宫要举行一个王室的家宴。一般人是没有机会看到这样的聚会的，身居高位的外姓也只能在旁边的一个厅里观看。很荣幸，莱奥波德夫妇和自己的两个孩子，获得了这次观看的机会。

当国王和王后走过来，人群自动分开。国王和王后的后面跟随着王子和王妃，之后是公主。当维克多莉公主从小莫扎特身边经过的时候，他拉了拉公主的袖子。维克多莉公主往前走了几步，然后又折回来牵住小莫扎特，同时示意莱奥波德夫妇一起往前走。这样，他们才得以同国王有了直接的接触。但当时正值凡尔赛宫宫廷丧期期间，国王也并没有特别大的兴趣要看两个孩子的演出。因此，小莫扎特精心准备的作品并未呈现给世人。

之后，莫扎特一家返回巴黎。一回到巴黎，巴黎高层就争相邀请小莫扎特演出。除了演出之外，小莫扎特的作品最终也基本成型，并有出版商将其出版。期间，凡尔赛宫给予了莱奥波德夫妇以赏赐，通过演出，他们也获得了不菲的收入。或许，这是离开巴黎、开始新的音乐旅程的时候了。莱奥波德带着两个孩子再次前往凡尔赛宫，将小莫扎特的作品呈献给国王。小莫扎特也同自己的朋友维克多莉公主作了告别。

英国伦敦在召唤着他。

伦　　敦

对年轻的莫扎特来说，每到一个新的地方，都会有新的惊喜。当他们来到伦敦之后不到五天，就收到了前往王宫演出的邀请。

这次演出是规模异常小的演出，更像是一场家庭聚会。国王乔治三世和王后热情接待了莱奥波德和他的孩子们。同时，伟大的作曲家巴赫的儿子克里斯蒂安·巴赫也参加了这场聚会。小莫扎特在表演完自己的节目之后，还即兴拿来巴赫新创作的作品进行弹奏。在进行了一场精彩的演出之后，莫扎特获得了很多赏赐。国王许诺将不久之后再召见他们。而巴赫先生则兴致盎然地邀请莱奥波德一家前往他的住所聚会。

这个时候，巴赫先生住在德国音乐家阿贝尔家里。他们现在同样都在英国做宫廷乐师。莱奥波德和孩子们来到阿贝尔家里，阿贝尔热情地迎接了他们。阿贝尔邀请他们留在伦敦，因为英国并没有特别才华出众的音乐家，他们正需要乐师。

几个音乐家在一起，毫无拘束地聊天、交流。这真是一场难得的音乐沙龙聚会。巴赫饶有兴趣地对莫扎特说："怎么样，给我们弹点儿什么吧！"

"我还从没有弹过您父亲的作品，也没有听说过。"小莫扎特说，"我想弹他的作品！"

巴赫哈哈一笑。他打开乐谱柜，指着两个长长的本子说："这是我父亲钢琴曲的手抄本《英国组曲》和《法国组曲》。你随便挑一个吧！"

小莫扎特当即拿出进行弹奏。当弹完之后，悻悻地说："比起这些，我更加喜欢我在国王那儿演奏的你的那部作品。"

"至少你说了实话。"巴赫说，"不过希望你再长大几岁之后，可以有不同的判断。"

巴赫热情地邀请小莫扎特常常来他的住所，他可能会给这个小家伙不一样的启发。从此，小莫扎特每周都要去巴赫那里，同巴赫共同在琴房钻研音乐。小莫扎特的父亲虽然是一个不错的音乐家，但更多只是一个小提琴家，他对钢琴的造诣远远没有巴赫那样高。巴赫将自己的钢琴奏鸣曲提供给小家伙学习，小莫扎特如痴如醉地投入到新的学习之中。

除了巴赫，还有一位歌唱家——意大利的曼佐尼也成为小莫扎特的老师。曼佐尼虽然是一位男士，但却在歌剧中担当女高音的角色。这让小莫扎特既感到新奇，又产生了浓厚的兴趣。通过曼佐尼，小莫扎特学会了作曲家应该如何创作歌剧。

就这样，小莫扎特的两位导师——克里斯蒂安·巴赫和曼佐尼，将他带入了歌剧的殿堂。每当在剧院看到巴赫指挥着乐队演奏自己写的曲子，听到曼佐尼用他的美妙歌声激起全场雷鸣般的掌声的时候，小莫扎特就渴望自己有一天也能创作出这样一部至美无上的歌剧作品。他的热血在沸腾。实际上，莫扎特未来的人生，更多的就是创作歌剧作品。对歌剧的痴迷和喜爱，以及创作一部伟大的歌剧作品的梦想，成为莫扎特艺术人生的主线。

另外，在此期间，巴赫和阿贝尔也举办了很多交响乐音乐会。小莫扎特同样痴迷上了交响乐，他也创作了很多交响乐的曲子。莱奥波德明白，在伦敦的这段时间，对小莫扎特的成长具有不可估量的影响。但是，毕竟在出发之前，他只向萨尔茨堡大主教请了一年的假，现在时间已经差不多了，而且所带的钱也已经花得所剩无几。莫扎特一家开始准备返回萨尔茨堡。

这已经是 11 月底了。这一年多的旅程，对于莱奥波德来说，是非常成功的。他向世界证明了自己儿子的天分，而小莫扎特也在维也纳、巴黎、伦敦学习到了新的东西。音乐天才得到名师指导，其进步之神速自是无人可及。当故乡渐渐临近，莱奥波德内心感受到从未有过的恬静和淡然。

莫扎特一生几乎走遍了欧洲的所有国家，可能很多人认为他最喜欢和留恋的是意大利。当然，意大利是莫扎特很喜欢的。但是英国也在莫扎特心目中占有极其重要的位置，甚至不低于意大利的位置。那里的文化氛围和自由的空气，都让他感到心情舒畅。后来，莫扎特曾经好几次在给父亲的信中写到这个国家给自己留下的好的印象。他甚至称自己是一个“彻头彻尾的英国人”。

莫扎特之所以这么喜欢英国，很大程度上是因为他对莎士比亚的敬仰，以及对旅居伦敦的克里斯蒂安·巴赫以及代表着德国音乐最高水平的亨德尔这两位音乐家的敬仰。但是英国并非是创作音乐最好的乐土。而萨尔茨堡的天才在开启下一步的人生旅程之前，首先还是要回到自己的故土。

萨尔茨堡，请热情欢迎天才的回归吧！

萨 尔 茨 堡

回到萨尔茨堡，莱奥波德内心也有忐忑不安。因为自己原来向大主教请了一年的假，但现如今却在外面待了一年半多的时间。

在 18 世纪的欧洲，宫廷乐师实际上就是领主的仆役，在很多人看来，与厨师、马夫没有什么太大的区别。大主教是莱奥波德的主人，实际上，他也是莫扎特的主人。大主教的命令要坚决遵守，否则就会断了自己的生活根基。

当莱奥波德见到大主教的时候，大主教告诉他，现在很多谣言说那些所谓小莫扎特创作的曲子，其实都是由莱奥波德执笔的，莱奥波德先生内心由忐忑转向了愤怒。

莱奥波德的愤怒是有原因的。这些年他常年奔波在外，为的就是向世界证明自己儿子的超凡才华。奥地利皇帝、法国皇帝、英国皇帝，以及肖贝特、巴赫、阿贝尔等音乐家都认可了小莫扎特的才华，但如今却在这穷乡僻壤的家乡，被人无端恶意攻击。这种愤怒是发自内心的，是因为不被认可和尊重而产生的抗议！

他决定要向自己的乡人展示自己儿子的才华。他向大主教建议，大主教可以将自己的儿子隔离起来，单独给小莫扎特一段时间创作一个新的作品，以此证明小莫扎特的所有作品都不是莱奥波德代劳的。

这个建议引起了大主教浓厚的兴趣。大主教将小莫扎特叫到跟前，问他："我的孩子，你知道你该做些什么了吧？你对什么最感兴趣呢？"

小莫扎特毫不犹豫地回答："歌剧！我要创作一部歌剧！"

"这是不是太困难了？"

"我想不是，尊敬的主教大人。"

"那正好，最近有一部歌剧正在编排，其中有一幕需要创作。"

"这部歌剧叫什么？"

“《第一诫的义务》。”

于是，小莫扎特就接受了这样一个看似是考验，又似游戏的任务。他离开父母，同大主教住在一起，以单独完成歌剧的创作，向世人证明自己的才华绝无掺假。

八天之后，小莫扎特完成了他的任务。阿德尔卡瑟被大主教派去鉴定小莫扎特的工作。因为阿德尔卡瑟执笔了这部歌剧的第三幕，而小莫扎特则是负责第一幕，因此他深知写作此剧的难度。当仔细阅读完小莫扎特的作品之后，他脸上露出惊喜的神情。

“在萨尔茨堡，没有人能够写出小莫扎特所写的作品!”他忠诚地向大主教汇报。大主教心中也得到很大安慰：“看来，他的确在巴黎、伦敦学到很多东西。”

当1767年3月，《第一诫的义务》上演之后，萨尔茨堡的人们认同了小莫扎特的确为神童。后来，小莫扎特又为歌剧《阿波罗和雅辛托斯》谱写了音乐。他甚至亲自指挥了自己作品的演出。

1767年的春天和夏天就这么一晃而过了。小莫扎特也已经11岁了。在此期间，莱奥波德一直没有放松对儿子的培养。在这年年底，维也纳将举行玛利亚·约瑟法女大公爵同那不勒斯国王的婚礼。对于这样一个千载难逢的机会，莱奥波德自然是不能错过。他马上制订计划，准备带自己的儿子去参加这场庆典。

但是，这次却没有之前那么幸运了。奥地利皇帝交给小莫扎特一个写作歌剧的任务，但是他既对这个歌剧不感兴趣，也受到了其他方面的阻挠，以至于最后这个歌剧《伪装的傻子》被撤了下来。之后的一年多，也并没有其他的机会。这样，在1769年之后，一家人又从维也纳失望地返回了萨尔茨堡。

没想到，这次以“失败者”身份的返回，却使小莫扎特受到了大主教前所未有的支持。大主教非常愤怒维也纳的贵族们轻视了他们萨尔茨堡的神童。他甚至当即下令，要在萨尔茨堡专门召开一个小莫扎特创作的歌剧的演出。

不过莱奥波德却有更加长远的考虑。他告诉大主教，自己的儿子对歌剧情有独钟，因此必须要带他去歌剧的天堂——意大利，去接受更好的培养。实际上，奥地利皇帝已经专门为此向米兰总督、佛罗伦萨宫廷、那不勒斯宫廷写了推荐信。因此，莱奥波德希望大主教批准他在年底带小莫扎特去意大利做一次旅行。因为距旅行还有差不多一年的时间，因此小莫扎特非常高兴自己能够有一个比较长的时间进行创作。他在1769年创作了很多新的作品——一些弥撒曲和弦乐小夜曲。

终于，年底到了。现在的小莫扎特已经成长为一个13岁的少年。为了提高他的声望，大主教任命他为萨尔茨堡乐队首席。此行，只有莱奥波德和小莫扎特两人独行。这是一次成长之旅，也注定将是一次振奋人心的旅程。

意　大　利

来到米兰，萨尔茨堡的神童莫扎特逐渐被人们认可。他受到了米兰上层和音乐界的喜爱，但这还不是他想要的全部。他从内心里渴望能够创作出一部经典的歌剧！

当米兰伯爵菲尔米安将自己的钦佩之情表达给莱奥波德的时候，莱奥波德不失时机地向伯爵表达了自己儿子的这个志向。

“你儿子想写一部歌剧？而且是为米兰写一部歌剧？我亲爱的莱奥波德先生，我知道您的儿子是一个音乐天才，他的钢琴弹得好极了。但是要写一部歌剧，而且还是为米兰。我觉得他还是先从一些小东西开始写吧。”

伯爵显然还是对莫扎特能创作歌剧表示了质疑。

“大人您可能还不了解我的儿子，您可以考验考验他，你给他一两首咏叹调的歌词去让他谱曲。如果您还有什么怀疑的话，就权当我没有说过这些话吧。”

显然，莱奥波德不会放过这个机会，他在全力争取。

“那好吧。那就让他从梅塔斯塔西奥的作品里找点儿什么来谱曲吧。”

又是一场证明自己真实才华的赌注，又是一次向世人展现自己才华的机会。这些年来小莫扎特的父亲为自己的儿子争取到如此多的机遇，这其中既有沉甸甸的父爱，也有对自己儿子才华的坚定信心。

在米兰这样一个喧哗的花花世界，莫扎特从梅塔斯塔西奥的作品《阿塔萨斯》中找出三首歌词开始谱曲。这三首咏叹调都没有花费他特别多的气力，几个小时就完成了。终于，该到演出的时候了，整个米兰的上层贵族都露面了。他谱写的曲子，由当时著名的歌唱家阿普利莱演唱，博得了雷鸣般的掌声。随后又演出了莫扎特自己特别中意的一首咏叹曲《可怜的孩子》。当最后一个音消逝，全场先是死

梵蒂冈

梵蒂冈

一般的静寂，然后，爆发！甚至阿普利莱都不得不在听众的强烈要求之下重新又演唱了一遍。

菲尔米安伯爵将莫扎特父子请到书房，介绍他们同米兰歌剧院的经理认识。然后随即签署了一份协议：沃尔夫冈·莫扎特，将为下一个演出季度写一部大型歌剧。带着这份协议，莫扎特父子离开米兰，前往罗马、那不勒斯、博洛尼亚等城市继续自己的意大利之行。

离开米兰，父子动身前往罗马。这是这位音乐天才第一次造访这座荟萃了欧洲文明精华的城市。当马车抵达罗马，莫扎特看到了埃及方尖塔和两座壮丽的圆顶教堂——这实际上是罗马的门户。眼前的一切都让他感到新奇，都让他兴奋不已。但是还不能停下脚步，他们必须要去梵蒂冈。

在罗马安置好之后，父子二人立即换好服装，前往梵蒂冈。因为那天是复活节前的星期三，在西斯廷教堂将有著名的阿莱格里的《求主怜悯歌》上演。这首歌是一首圣歌，只有教廷乐队才可以演出。它非常复杂，而且被认为不可亵渎。凡是抄写它的人，将被逐出教门，因此它的乐谱是无法得到的。

伴随着虔诚的信徒，他们来到西斯廷教堂。教皇坐在左边的宝座上，所有的主教都簇拥在他的四周，每个主教的脚下又都坐着一个身穿紫袍的修道院院长，远处跪着一大群教士和神职人员。仪式开始了，刚开始是一些赞美诗，两个唱诗班轮番用男高音和男低音清唱，没有伴奏。之后，蜡烛逐渐熄灭。突然，唱诗班用女低音和女高音唱起了新的赞美诗。随之，最后一根蜡烛也熄灭了。

教皇从他的宝座上站起身来，走向神坛，跪了下来。所有人也跟着跪了下来。在长时间的寂静之后，仿佛从另外一个世界响起了《求主怜悯歌》。莫扎特听得入神，他完全沉醉了。唱诗班的演出技巧熟练，它时而增强到咆哮般的最强音，时而又减弱到袅袅欲绝。随着最后和声的消逝，所有的人都在默默地祷告。

“这种音乐是多么单纯和感人啊！若是我们能在萨尔茨堡演出它，那该多好啊！”在典礼结束之后，莫扎特凭借着自己的记忆，将《求主怜悯歌》完整地记录了下来。

虽然这属于犯了禁忌。但是事后罗马的教职人员在见到莫扎特的时候，却亲切地称呼他为“音乐界的拉斐尔”，并告诉莫扎特，这件事情教皇已经知道了，但是并不会对他进行追究，甚至很有可能会对他进行奖励。

复活节的宗教庆典结束之后，莱奥波德开始带领莫扎特游览意大利的人文和自然名胜。音乐，可以暂时抛开一下。艺术可能都是相通的，因此短暂的离开，遍览意大利的其他艺术和壮丽的自然风光，可能更能激发一个音乐家的潜能。而事实也正是如此。莫扎特从这些恢弘的雕塑、绘画艺术中，体会到了原来所没有感受过的典雅和壮丽。虽然音乐并不像雕塑和绘画那样可以用眼睛直接观看，但音乐中有着同雕塑、绘画一样和谐的法则——美。莫扎特所到之处，都受到了人们的热烈欢迎。甚至是年近八十的红衣主教阿尔巴尼都亲自向莫扎特介绍梵蒂冈的艺术珍品。

红衣主教告诉莫扎特，艺术的特征是高贵的单纯和静穆的伟大，但是现代艺术所追求的激情和华丽已经不再与之有共通之处了。莫扎特似乎抓住了一直萦绕在自己心头，但却不知该如何表达的对艺术的理解。他似乎一直在追求那种单纯和伟大，但这种追求却飘忽不定而未能有准确的定位。“如果我谱写一首安魂曲的话，我就会想到米开朗琪罗。”莫扎特由衷地说。

“您的儿子让我想起了拉斐尔，我一直也是这样对别人介绍他的。他向我弹奏他的音乐，听起来就像把拉斐尔的作品翻译成为音乐一样，同样的美、纯真和深情。拉斐尔本人也像您儿子一样，那样令人着迷、可亲，您真是位有福气的父亲。”红衣主教对莫扎特毫不吝惜赞美之语。

时间过得很快，他们该起身告别罗马，前往那不勒斯了。在罗马的艺术之旅，成为莫扎特心中最美好的回忆。

来到那不勒斯，凭借着奥地利皇帝开的介绍信，莫扎特父子很快就跻身上层社会。除了受到国王和王后的特别欢迎之外，他们还不断收到奥地利、英国和法国公使的邀请，邀请他们去公馆做客。在那不勒斯，他们欣赏了著名的歌剧《阿尔密达》。这部歌剧在刚开始的时候给莫扎特以极大的震撼。但是当第二次听的时候，他却又听出了其中的呆板和守旧。

值得一提的是，在向导的带领下，父子二人攀登了著名的维苏威火山。火山的壮美和危险，都给莫扎特留下了深刻的印象。他们亲眼看到了熔岩从火山口喷薄而出的壮丽景色。

7 月底，他们重新返回罗马。逗留几日之后，他们向红衣主教阿尔巴尼辞行。阿尔巴尼递给莫扎特一张羊皮纸，上面挂着一个大勋章，这是教皇委托红衣主教以教皇的名义颁给莫扎特的。同时，还有一个挂在深红色绶带上的金色十字勋章——莫扎特被册封为金马刺教团的骑士——罗马宫殿的守护者。

之后，他们面见了教皇。莫扎特作为最年轻的教团骑士亲吻了教皇的布履。之后教皇告诉他们，实际上他本来为抄写《求主怜悯歌》这件事情非常头疼。不知道应该是将莫扎特赶出教门呢，还是授予勋章。最后考虑再三，还是决定授予勋章。他希望莫扎特这个虔诚的天主教徒可以用一些美好的音乐作品来丰富圣乐。

离开罗马之后，父子二人前往博洛尼亚。在博洛尼亚，他们拜谒了著名的作曲家马蒂尼神甫。这个时候，莱奥波德生病了。这恰恰给了莫扎特同马蒂尼神甫交流的机会。他们进行了深入的音乐交流。马蒂尼神甫对莫扎特进行了一系列的测试之后，对莫扎特极高的音乐天赋惊异不已，甚至欣然接纳他为自己的学生。

在 10 月初，他们准备离开博洛尼亚的时候，马蒂尼神甫找到莫扎特，告诉他一件非常重要的事情：博洛尼亚爱乐协会将吸收莫扎特为其会员。博洛尼亚爱乐协会是当时意大利最有名的音乐协会，能够有幸成为这个协会的会员，是一项无上的荣誉。14 岁的年纪加入协会，是一种特殊的破例，这对莫扎特来讲，更是莫大的肯定。

要加入协会，还需要进行一个考试。在 1770 年 10 月 20 日写给妻子的信中，莱奥波德提到了当时的情景：

"当考试进行之时，我同普林式奇先生被关在会场另一边的图书馆里。

对于他交卷如此迅速，大家都非常惊异。这是因为，有的人做这种课题做了三个小时之久。你该明白这并非轻而易举的事情。人们事前就跟他交代，有哪些做法是不得采用的。他一共想了只不过半个小时多一点。"

14 岁就顺利通过了考试，并成为博洛尼亚爱乐协会的成员，实际上就等于戴上了音乐大师的帽子。当年莫扎特考试的那份试卷现在依然可以查到，在上面甚至还有马蒂尼神甫的手迹。

在成为协会会员之后，马蒂尼神甫语重心长地告诉莫扎特："我祝愿你的歌剧获得美好的成功。但是你不要像克里斯蒂安·巴赫那样，不要完全被歌剧束缚住了。在生活中至高无上的不是名誉和名望，至高无上的是灵魂的改造，这是歌剧永远无法给予你的。"马蒂尼神甫的告诫，对于莫扎特的影响十分深远，以至于他用如下的语言表达自己对神甫的敬意："我永远都不会忘记您，我永远都会怀念您。我感谢您，我千百次感谢您。"

之后，父子二人重新返回米兰。虽然仅仅隔了很短的时间，但是从罗马和博洛尼亚回来之后的莫扎特，已经有了新的身份。他拥有教皇颁发的勋章，同时也成为全意大利最著名的音乐协会——博洛尼亚爱乐协会的会员。因此，人们对他刚来米兰时许诺的歌剧抱有极大的期待。

演唱者是意大利最著名的歌唱家。全米兰、全意大利的目光都聚集在14岁的莫扎特身上。当莫扎特将自己的作品《米特里达特》交付排练时，所有的演员都为之着迷。终于，圣诞节的第二天到来了。这一天是新的歌剧首映的日子。米兰歌剧院座无虚席，一派节日的盛象。每首咏叹调都获得了雷鸣般的掌声。大厅里，“爱乐骑士万岁”的喊声此起彼伏。其实，当莫扎特身戴勋章站在舞台上的时候，他就已经成功了。

新年到来，15岁的莫扎特同父亲返回了萨尔茨堡。当他返回自己的家，见到久违的母亲、姐姐时，他难以抑制自己内心的激动，飞一般投入了她们的怀抱。

回到萨尔茨堡，手里还握有米兰歌剧院明年的歌剧创作邀请，以及肩负为费尔南德公爵和贝纳特里切公主的婚礼写作小夜曲的任务，莫扎特显然还对意大利之旅意犹未尽，他已经开始筹备来年的意大利之行了。

费尔南德公爵的婚礼如期举行，莫扎特的小夜曲与世人见面了，意大利著名的歌剧作家哈塞不无表扬地说：

"这个孩子将使我们大家都被忘掉。"

在意大利的这两年，是莫扎特歌剧创作走向成熟的两年，是他树立音乐地位的两年。在童年时代，大家更喜欢的是莫扎特的神童身份。但是现在，他是博洛尼亚爱乐协会最年轻的会员，他被米兰歌剧院钦点为歌剧创作的作者，他还被罗马教皇赐予崇高的荣誉。莫扎特正在走向成熟。

莫扎特自己在回忆这段时光的时候曾经感叹道："仔细想来，我应该承认，还没有哪个地方让我享受了如此之多的荣誉，没有哪个地方像意大利那么看重我。"（1777 年 10 月 11 日，自慕尼黑寄给父亲的信）

音乐天才的另一面

作为一名音乐神童，莫扎特在音乐上成就斐然。但是，他毕竟还是一个孩子。我们也许会很好奇，这样一位音乐天才，除了心中有高远的音乐志向，其他方面的发展会不会也跟其他孩子不一样呢?

实际上，当他们在伦敦的时候，伦敦大学的教授戴恩斯·巴斯顿就已经产生了这个疑问。他主动跑到莫扎特的住处，向莱奥波德提出希望可以对莫扎特做一个科学实验。因为他相信莫扎特的天才属于不正常的现象，言下之意他猜测相当一部分功劳要算在莱奥波德头上。莱奥波德自然明白巴斯顿教授的意思。他非常爽快地同意了对方的请求。

英国人的古板和科学实验的无聊，自然使得莫扎特毫无兴趣。他只是按照对方的要求草草应对着。当他看到有一只猫跑进琴房的时候，他就非常欢快地找猫咪玩耍去了。巴斯顿后来这样描述当时的情景:

“……当时，他正在为我演奏，忽然，莫扎特看见了他心爱的小猫跑了进来，就立刻离开了羽管键琴，找他的小猫玩去了，我们费了好半天劲也没法把他叫回来。”

娜内尔也曾经回忆说，当他们在维也纳王宫演出的时候，莫扎特不一会儿工夫就同那里的公主和王子们玩起了捉迷藏，玩得入迷，甚至都差点儿误了演出。

而实际上，并非只是此时的莫扎特贪玩。他在35岁英年早逝，整个人生实际上都是童心未泯的。在28岁的时候，莫扎特买了一只八哥。这只八哥居然能够唱出莫扎特的一首钢琴协奏曲乐章的主题。莫扎特自然对这只八哥疼爱有加。三年之后，这只八哥死了，莫扎特将它葬在后花园，甚至为它写作了一首小诗刻在墓碑上：

一个小傻瓜长眠于此，
我把它唤作心爱的八哥——
正当它豆蔻年华，
就不幸飘然去世；
它的夭折引起我的巨大悲伤。
痛定思痛，
我肝肠寸断，肝胆俱裂。
啊，读者啊，请挥洒你的热泪！
因为终有一天你也会长眠地下，
荒坟一角。

从中，我们也可以深切地感受到这位音乐天才单纯的灵魂和丰富的情感。实际上，父母的言传身教和家庭美好的氛围，使莫扎特在饱受社会赞誉的同时，依然能够保持朴实的天性和单纯率直的性格。而这也是他的音乐作品能受到人们喜爱的重要原因之一。

第3章：重返萨尔茨堡（1771—1777）

新的主人

1771年，15岁的莫扎特终于结束了长达十年之久的漫游生活，回到自己的家乡萨尔茨堡，在大主教的宫廷乐队里担任首席乐师。在萨尔茨堡，莫扎特一待就是六年。这六年，是莫扎特告别儿童时代、进入青春期和青年期的六年，是他摘下神童的光环进入到生命本真状态的六年。在这六年里，他的音乐创作也发生了很大的变化。

但总体来讲，这六年对莫扎特是一段并不美好的回忆。他曾经这样感慨："我生活在一个音乐艺术不得不为自身的存在而挣扎的地方。"

而这一切都源于萨尔茨堡大主教，也就是莫扎特主人的更换。

刚刚回到家乡的时候感觉很好，但是生活却并非永远如此完满。萨尔茨堡的乡亲们依然将小莫扎特视为神童，视为整个萨尔茨堡的骄傲。但是大主教西吉斯蒙德却在这个时候病故了。整个萨尔茨堡实际上陷入了风雨飘摇之中。首先要做的，就是确立新的大主教人选。

各派势力开始明争暗斗。维也纳派来一位皇室大使，强调新的大主教不仅仅要忠于神和教堂，还要切实维护皇室的利益；而巴伐利亚的特使也急急忙忙赶来，要求新的人选一定要符合巴伐利亚的利益需要。维也纳高层希望科洛莱多伯爵能够顺利当选，但是整个萨尔茨堡的人们实际上更加支持蔡尔伯爵，而蔡尔伯爵也得到了巴伐利亚的认可。

这场选举闹剧，最终以蔡尔伯爵的主动退出画上了句号。不受当地人喜欢的科洛莱多伯爵当选为新的大主教，也就成为莫扎特新的主人。很快，莫扎特被任命为新的乐队首席。但实际上，莫扎特的痛苦才刚刚开始。

之后的半年，莫扎特都是在大量的工作中度过的，这使得他精疲力竭。而新任大主教并不赏识莫扎特。尽管莫扎特乃旷世奇才，尽管他享有极大的荣誉，可在大主教眼中，他不过是一个普通的奴仆，并且是一个很糟糕的奴仆。莫扎特取得的成就，对他来讲都不重要。他只关心自己的铁腕统治，他不允许有人不按照他的想法生活。他开始对莫扎特的作品指手画脚，这让莫扎特痛苦异常。他不得不像他的前辈海顿那样，每天在前厅穿堂里，恭候主人的吩咐，随时都有可能遭到大主教的斥责辱骂，甚至是严厉的惩罚。

不过，这年 10 月底，他便可以同父亲一起前往米兰创作新的歌剧《卢乔·西拉》了，这让他又看到了新的希望。他是多么渴望有朝一日能够重返意大利，重返米兰城啊。

《卢乔·西拉》的故事脚本实际上是十分蹩脚的，来自于一个才智平平的庸人。故事讲述了罗马的独裁者西拉臭名昭著的行为。他爱上了自己的竞争对手切奇利奥的未婚妻朱妮亚。西拉向朱妮亚告白被拒绝，于是他决定将切奇利奥和朱妮亚一起杀死。但是事情却在未行动之前就被泄露了。切奇利奥决定以其人之道还治其人之身，但是他也没有成功。西拉最后没有选择再反过来报复切奇利奥，而是原谅了他。

莫扎特对整个故事并不感兴趣。不过他却对朱妮亚这个人物设定产生了兴趣。其实，一部喜剧里面，能够有几个情节抓住作曲者的心，就会使他有十足的动力将整个作品完美地演绎。最后，莫扎特的歌剧如期完成，并排演完毕，米兰歌剧院迎来了它的首演。虽然当时演职人员不完备，演出过程也一波三折，但是这部作品却同样受到了米兰人的热情欢迎，以至于连续上演了二三十场。

借着在米兰的机会，父子二人托病在意大利多逗留了些时日。实际上，莱奥波德也希望能够帮助儿子解脱现在的痛苦，他开始试着接触意大利的上层，看能否在意大利为儿子寻找到新的出路。

寻找出路

之前十年的在外旅行，莫扎特都是被人当作神童看待的。但是当他回到萨尔茨堡，面对新的大主教鄙夷的眼神以及无端的辱骂的时候，17 岁的莫扎特心都凉透了。因此，莫扎特非常渴望能够寻找到新的出路，逃离萨尔茨堡。在此后的六年时间里，莫扎特和莱奥波德积极地进行了各种尝试。

少年莫扎特

1772年，他们借着回到米兰排演新歌剧的机会，开始寻找留在意大利的可能。但是无论是在米兰还是在佛罗伦萨，他们都得到了否定的回答。莫扎特对此并没有感到特别意外。借着这股内心的忧虑，他反而燃起了创作的火花，一口气写了六首小提琴奏鸣曲。

无奈地离开米兰，返回萨尔茨堡，莫扎特将全部身心都投入到作品的创作之中。等到1773年的夏天来临，大主教外出旅行了。这真是一个难得的机会。莱奥波德决定抓住这次时机带莫扎特前往维也纳寻找机会。因为他听说维也纳的宫廷乐长身患重病，将不久于人世。如果能够有幸在维也纳工作，对于莫扎特来讲，将是一次完美的解脱。

距离上次来维也纳已经过去了整整五年的时间。而距离他初次造访此地，更是过去了十几年。现在维也纳有了一位伟大的音乐家海顿。而实际上，莫扎特也认为，海顿是一位比肖贝特和克里斯蒂安·巴赫更加伟大的音乐家。他甚至觉得自己的艺术风格同海顿之间有着某种微妙的联系。因此，到了维也纳之后，当父亲到处拜访故旧、打点相关事宜的时候，莫扎特就一头扎入海顿的音乐世界之中。在随后的日子中，莫扎特的音乐更加清澈和纯美，莫扎特的艺术风格也日趋成型。

随着年龄的增长，维也纳的权贵们对昔日的“神童”显然失去了往日的热情。因此，莫扎特父子此行并没有达到预期的目的。二人只能重新返回萨尔茨堡。

返回萨尔茨堡之后，情况并没有好转。在一次宫廷音乐会上，莫扎特为大主教及其嘉宾献上了自己创作的《g小调交响曲》。这部作品富有感伤的激情和英雄般的悲壮，显得高雅、卓越。“美极了！它对萨尔茨堡的傻瓜们来说，过于美了！”乐队首席对此不吝赞美之词。但是大主教显然并不这样认为。第二天，莱奥波德被大主教叫到房间。

“难道您儿子昨天给我们演奏的算是音乐？不，这不是音乐。这是口吃！是喊叫！就如同有人在台上喊：我绝望极了！你们往这儿看，我是如此绝望啊！一个人怎么可以这样绝望？把他赶到外面去，找个地方喊出他的绝望好了，但我决不允许在宫廷音乐会上演出如此的作品。”

大主教对于音乐的认知，完全是作为消遣的存在。他在肆意地发泄着自己内心的不满！

莱奥波德无奈地回了家，向莫扎特转述大主教的训令。但莫扎特同样无法理解大主教的想法：“您没有回答他，这样的激情不是没有节制的，而是规规矩矩、受到控制的？难道您没有对他说，有些事，懂得的他可以说，不懂的就该闭上嘴巴？”

莱奥波德失语。他内心明白，大主教并不是能够欣赏自己儿子音乐才华的人。必须要给儿子一个寻找未来的机会。不久，大主教突然召见莱奥波德。原来，巴伐利亚选帝侯专门派人来询问莫扎特是否有时间为慕尼黑狂欢节写作一部歌剧。大主教虽然看不上莫扎特的音乐，但他却对巴伐利亚选帝侯的命令唯命是从。因此，他特别批准莫扎特父子即刻启程，赶往慕尼黑。

莫扎特即刻开始了歌剧《乔装的女园丁》的创作。在12月初，父子二人一起到达慕尼黑，并呈交了自己的作品。排练非常顺利。在慕尼黑，莫扎特也得到了这么久以来难得的放松。

作品非常成功。在莫扎特给母亲的信中提到：“感谢上帝，我的歌剧在昨天，1月13日，在舞台上演出了。效果好极了。我无法向妈妈描述那种喧闹的场面。剧院挤得满满的，许多人买不到票只得返回家，在每一首咏叹调之后，都爆发出惊人的欢呼、鼓掌和呐喊。歌剧结束了，在直到下一场的芭蕾舞开始之前，整个剧场都是鼓掌声和叫好声。随后，我同爸爸进入一个房间，选帝侯和整个宫廷的显贵都在里面。我吻了选帝侯陛下和选帝侯夫人以及大人们的手，他们都非常和蔼可亲。我们还不会很快返程，妈妈也是这样希望的吧。因为妈妈知道，我们要好好喘口气儿。”

见到了巴伐利亚选帝侯，莫扎特自然不会放弃这样一个可以改变自己命运的机会。他向选帝侯询问是否可以在巴伐利亚寻找到自己的位置。但很可惜，虽然选帝侯非常器重莫扎特，但这次依然没有很好的答复。

就是在这种紧张的工作，以及不断寻找未来新的出路的困顿之中，莫扎特度过了六个年头。故乡萨尔茨堡不能满足莫扎特，他早晚会离开那里。他等待的，只是一个时机。

刻骨的爱恋

在这乏味的六年之中，莫扎特并非一无所获。进入青春期的孩子，开始迎来了自己的爱情。虽然并不是所有的爱情都能修成正果，但对于一个音乐家来讲，刻骨的爱情可以给自己的一生留下不可磨灭的印记。

在一个美妙的仲夏之夜，在美丽的萨尔茨堡，一群年轻人聚集在一个花园，凝神听一支小乐队的演奏。小乐队演奏的是莫扎特的作品，而莫扎特就在这个小乐队之中。演出结束时，在年轻人中间，一位妙龄少女迅速走出，走向莫扎特。

“莫扎特先生！我是弗洛尼，是早晨给您送面包的。”

“哦，是面包房主的女儿。”

“对！我对您有一个过分的请求。刚才听了您的夜曲，我喜欢极了。在一两周之内，我的父母要庆祝他们的银婚，不知道您是否可以为我的父母写一首曲子？”

莫扎特借着月光，观察着这个可爱的少女。月光打在她姣好的面容之上，泛起一阵月华，清秀的面庞让人又爱又怜。

“绝不，弗洛尼小姐。”

“我可以付钱给您！”

“你有那么多钱吗？”莫扎特微微一笑。

“我攒了一些钱。请您告诉我，这要多少钱？”

“一个吻！”

“莫扎特先生，您在跟我开玩笑吧！”

“没有开玩笑。只要一个吻，我可以为你写一首夜曲。”

“莫扎特先生，您真的不要钱?”弗洛尼红着脸颊，羞涩地问道。

“真的不要钱。只要一个吻，但是要预付!”

弗洛尼显得手足无措。但她其实早就对自己的偶像心有爱意。但当自己的偶像向自己索吻的时候，她还是羞涩了。

他俩停了下来，环顾四周无人，便开始吻了起来。

“你现在跟我说：你，莫扎特，你喜欢多少吻，我就给你多少吻!”莫扎特深情地望着弗洛尼。

“你，莫扎特，你喜欢多少吻，我就给你多少吻!”弗洛尼颤抖的声音中，带着坚定。

之后，两个人就开始了甜蜜的恋爱生活。莫扎特专门为弗洛尼创作了一首小提琴协奏曲，并全身心地投入其中。他们在萨尔茨堡的每个浪漫的场所约会，度过一段又一段美好的时光。莫扎特会为弗洛尼讲述自己这些年游历欧洲所见到的大千世界；弗洛尼就像一只温柔的小猫，静静地守候在自己的偶像身边，感受着地中海阳光般的安详和幸福。

萨尔茨堡侬山修道院

这样的美好时光持续了几个月。

在10月里的一天下午，莫扎特和弗洛尼又一次坐在托钵僧山的那条长凳上——那是他们约会的固定场所。这里，可以望见深蓝色的天空和脚下美丽的土地。远处的修道院掩映在葱郁的树林之中，安静而悠闲。

弗洛尼满脸的忧伤。

“你怎么了，我亲爱的弗洛尼?”

“莫扎特，我父亲对我说，我们不能这样下去了。要不就正式订婚，要不必须分手。”弗洛尼的眼角显然带着泪花。因为她似乎知道，莫扎特的人生跟自己的人生并不在同一轨道之上。

年少的莫扎特的确也没有对结婚这样的事情有心理准备。他一下子变得手足无措起来。“你是怎么回答你父亲的呢?”

“我告诉他，我深爱着你。因此我要进修道院。”

“修道院？你疯了，为什么要进修道院，将自己的人生放在那样阴暗的地方?”

弗洛尼使劲摇摇头。“我不能把你捆绑在我身上。我只是一个面包师的女儿，而你要成为伟大的音乐家，一个世界知名的人物。等你出名了，你会想：我当时多么蠢，竟然会跟一个面包师的女儿结婚!”

“我不会的!”

“你太年轻了，莫扎特。你必须是自由的，你现在绝不能把自己拴在一个姑娘身上！从一开始我就知道，我们俩的事情会结束的。你使我感到幸福，我感谢你，我永远不会忘记你!”

莫扎特已经泣不成声了，他像一个做错事的孩子一样趴在弗洛尼身上痛哭。

“可这是为什么呢？你非得去修道院。”

“你以为我还会爱上另外一个男人吗?”弗洛尼的话，让莫扎特感到钻心的痛苦，他第一次感受到爱情的伟大。但弗洛尼的话是对的，他的未来，并不在这个小小的萨尔茨堡，他早晚有一天要离开这里。或许，一生中能够有这样一次刻骨铭心的感情就已难得。

莫扎特深深地叹了口气，擦干了眼泪。他内心里暗暗地发誓：自己一定要刻苦工作，再过几年，再将弗洛尼找回来。他将这些心里的话告诉弗洛尼，弗洛尼只是轻轻地摇了摇头：“你不会再来找我了，莫扎特。你太年轻了……”弗洛尼紧紧地把莫扎特拥在怀里。

逃离萨尔茨堡

在之后的日子里，莫扎特的内心更加痛苦。他甚至开始厌倦了创作明快愉悦的作品，而是更加愿意写一些阴沉痛苦的音乐。他似乎在寻找一种途径描述一颗受伤的、痛苦的内心，表达一种绝望的、决绝的态度。

当莱奥波德询问他为何要创作这样的作品的时候，莫扎特委屈地说："难道您真的不知道我指的是什么吗？您还记得三年前那部《g 小调交响曲》吗？三年来，我写了那么多作品，都在走下坡路。那部唯一的《g 小调交响曲》，是我的最爱，比那之后的千百部都要美。我写那部作品的时候，内心就是那样想的，因此我必须那样写。但是在宫廷音乐会上，大主教破口大骂。我在想，如果一定得这样，如果你们不愿意要别样的作品，那我必须得把我最好的东西留给自己，我只能写一些讨你们喜欢的作品。

亲爱的爸爸，不能再这样下去了！如果大主教不让步，那我就干脆离开萨尔茨堡，反正我到处都能混上饭吃！”

莱奥波德安慰自己的儿子，现在的大主教已经温和多了。过不久，法国女钢琴家热娜奥姆小姐——一位年轻漂亮的少女，将要拜访萨尔茨堡。如果莫扎特可以给她创作一部一流的作品，大主教的态度可能会更加温和。莫扎特照做了。当热娜奥姆小姐来到萨尔茨堡，开始弹奏起莫扎特的作品时，她深深地为之痴迷了。

但是莱奥波德却在听完之后，深深地忧虑起来。音乐很美，但是在某些方面却又标新立异。这是否能够得到大主教的谅解和接受呢？

次日，热娜奥姆小姐在大主教的宫殿为众人倾情奉献了这首作品。听众都为之疯狂，都在大声地喊着莫扎特的名字——当然除了大主教。大主教不仅不喜欢莫扎特的作品，而且因为众人对莫扎特由衷的喜爱而感到愤怒。他在第二天紧急召见了莫扎特，对他进行了严厉的训斥，将莫扎特的音乐贬低得一无是处。

莫扎特又陷入了极度的痛苦之中。如果一个音乐家，尤其是一个天才音乐家不能按照自己的内心来创作作品，而只能听命于那些不懂音乐的无聊的官吏的意见，那么还有什么创作的意义和价值?

莫扎特将自己内心的痛苦讲述给自己的父亲——那个一直支持着自己的伟大的男人。但是莱奥波德显然也已经精疲力竭。他告诉自己的儿子:“我亲爱的儿子,你没有看到生活中实际的那一面。你是负有使命的音乐家,可你也是一个职业音乐家。这意味着你以它为生,或者说你一度以它为生。”他轻轻地叹了口气,接着说道:“而且,我现在已经57岁了,每天都有可能死去。那你母亲怎么办?还有你的姐姐,娜内尔都要26岁了,她还在做着音乐教师的工作。”

莱奥波德已经老了,无论是从生理上,还是从心理上。如果是在十年前,他肯定要带着自己的儿子周游世界。但是,他现在老了。他要考虑自己的妻子、自己的儿女的生活。但莫扎特对于创作自己音乐的渴望,是无法阻挡的。他不想在萨尔茨堡挥霍自己的大好青春。他要创作伟大的、惊世绝伦的作品。他想到慕尼黑,他想到曼海姆,他要创作伟大的德意志歌剧。

莱奥波德的内心受到极大触动。进入晚年的他,多么希望自己的儿子能在音乐界出人头地、闻名世界,但更希望儿子能够守护在自己的身边。尤其是他曾经经历过失去五个孩子的痛苦，那种感觉是常人无法体会的。他彻夜不眠，最终想通了。如果莫扎特离开萨尔茨堡，他很有可能会在慕尼黑，或者在巴黎，或者在其他一个什么地方谋得一个更好的职位。但是21岁的孩子依然不谙世事，之前都是自己在外帮忙打理一些人际关系。如果要走，自己也要同孩子一起出去。但是，大主教会同意吗？

第二天，怀着忐忑的心情，莱奥波德面见了大主教，询问能否请假带自己的孩子前往慕尼黑。大主教非常明确地告诉他："我不愿意我的人到外面去到处乱逛。我不是为了这样才把大把金钱付给他们的。"

因此，如果莫扎特想要谋求更好的职位，他俩就必须都辞职。但莱奥波德不可能辞职了，这么大的年纪，已经经不起折腾了。因此，莫扎特要在没有父亲陪同的情况之下，去寻找自己的未来。

莫扎特迅速起草了辞职信。这次，他决定要跟自己的母亲开始一番新的音乐旅程。

当莫扎特把辞职信提交给大主教时，大主教气愤难当，他甚至要将莱奥波德也一并解雇。幸好在大主教私人医生的劝解之下才作罢。

莱奥波德悉心准备着儿子的旅行用品，他内心多么渴望能够跟儿子一起走。但岁月不饶人，当年自己的积蓄，也在历次的旅行之中消耗殆尽了。自己必须留下来，维持一家人的生活。他细心叮咛自己的儿子在外如何处理同各种人的关系——提防伪君子、冒险家，提防女人，提防纨绔子弟。意识到自己的儿子将要远行，莱奥波德先生感觉到一道铁箍圈在他的心口，痛苦到无法呼吸。

1777年9月23日，莫扎特整装出发。女仆特雷瑟尔在哭泣，莱奥波德也像一个孩子一样哭泣起来。娜内尔也不愿意看到自己的弟弟和妈妈进行如此艰苦的旅行。但是，莫扎特和妈妈还是乘着马车，消失在金秋的雾霭之中。

“你可怜的父亲！我从来没有见过他这么难受，这么沮丧！甚至在海牙，娜内尔病危，并已经开始准备后事的时候，你父亲都没有这样过。”母亲的心中泛起悲伤，眼角闪耀着泪光。

“爸爸会好起来的！”莫扎特安慰着母亲，也安慰着自己。

第4章：追逐梦想的旅程（1777—1779）

慕尼黑和曼海姆

经过几天的奔波，莫扎特和妈妈乘坐的马车到达了慕尼黑。他们住进了14年前来慕尼黑时住过的黑鹰旅馆。在这里，莫扎特为他们的老朋友弹奏钢琴，一夜畅欢。

翌日，莫扎特就开始奔波起来。他争取到了面见选帝侯的机会。几年前，他曾经应选帝侯的邀请，为慕尼黑狂欢节写过歌剧。选帝侯对他的印象也非常好。但是，这次会面却并没有预想的那样顺利。

选帝侯得知莫扎特辞职来到此处，并同大主教闹翻了之后，他并没有对莫扎特给予支持。他甚至轻描淡写地说："要写歌剧，去意大利比较合适。"显然，选帝侯此时并没有对歌剧表现出多大的兴趣。

碰壁之后，莫扎特心里非常难受。十几年前，选帝侯对自己恩宠有加；即使在两年前，选帝侯也夸赞莫扎特是非凡的艺术家。但是现在却不肯为这位天才寻找一个合适的位置，这让莫扎特感到很灰心。

想要留在慕尼黑，看来只有跟剧院合作了。但是即使是这个计划最终也没有成功。父亲来信说，这样的想法不可行，因为会给莫扎特的声誉带来严重的负面影响，甚至大主教都会嘲笑他。人不能看轻自己，还没有走到非这样做不可的地步。

因此，必须准备离开慕尼黑，到曼海姆去。

1777 年 11 月 1 日，莫扎特和母亲来到曼海姆。曼海姆当时被称为"音乐家的天堂"。

莱奥波德密切关注着儿子的行动。当他知道莫扎特已经到达曼海姆，就急不可待地写信叮嘱儿子应该如何做好相关的事情。他们首先拜访了选帝侯的乐队首席卡纳比希先生。卡纳比希热情地迎接了莫扎特，并积极为他在曼海姆的事业穿针引线，帮莫扎特结识上层人物。而当宫廷乐队的乐长霍尔茨鲍尔得知莫扎特来到曼海姆，并希望停留在此的时候，他高兴得合不拢嘴。霍尔茨鲍尔先生曾经在14年前目睹了小莫扎特的演出，他为莫扎特的才华感到震惊。因此，他主动说在几天之后的选帝侯命名日的音乐大会上，会将莫扎特的曲目列在曲目单上。

莫扎特选择了自己之前创作的那首曾经让大主教愤怒不已的《降E大调协奏曲》。演出获得了辉煌的成功。选帝侯对莫扎特的作品痴迷不已，他甚至要求莫扎特再加演一首幻想曲。14年前，选帝侯就对莫扎特留有非常好的印象。现在，这种美好的印象又加深了。他热情地邀请莫扎特为自己的孩子演出。莫扎特似乎看到了未来的希望，因为他似乎已经看到，自己不仅会收到选帝侯的邀请，还在曼海姆取得宫廷乐队中的职位，而且还有可能成为选帝侯子女的私人钢琴教师。

第二天下午，莫扎特来到选帝侯的宫殿。他立即被引入孩子们的房间。莫扎特为选帝侯和孩子们弹奏了他最近写成的一首奏鸣曲——实际上他认为这是他迄今为止最好的作品。选帝侯从头到尾听得特别认真，又非常谦逊地提出了自己的意见和想法。选帝侯最欣赏的段落，正是莫扎特最喜欢的段落，这让莫扎特非常欣慰。

“我要认真考虑是不是要把你留在这儿!”选帝侯如是说。

莫扎特也非常积极主动地表示，自己为选帝侯的女儿写了一首回旋曲。他开始演奏给选帝侯听。选帝侯非常喜欢，但他怀疑自己的女儿是否能够真的学会这首曲子。

“我非常愿意亲自教她。我只是希望能够有亲自教她的这份荣幸。”

“如果有两个钢琴老师，她不会不高兴吧!”选帝侯犹豫了。原来，自己的女儿实际上已经有了一位钢琴教师。而这位钢琴教师不是别人，正是选帝侯的忏悔教父——福格勒修道院的院长。

而实际上，当修道院的院长得知莫扎特的到来，并且有可能取代自己钢琴教师的位置的时候，他大为恼火。甚至已经开始不自觉地运用自己作为选帝侯忏悔教父的特殊身份，来影响选帝侯的选择。

几天之后，选帝侯告诉莫扎特，眼下没有希望得到这一位置了。不仅不能做钢琴教师，而且也不能留在曼海姆。显然，教父已经对莫扎特产生了很强的敌意。

这是一次沉重的打击。莫扎特距离自己的梦想只有一步之遥，但却在即将成功的最后时刻梦想破碎。

在慕尼黑和曼海姆的这段时间，莫扎特的支出惊人，大借外债。现在工作的事情没有着落，生活陷入了困境之中。他在曼海姆的朋友温德林告诉莫扎特，他要在明年 4 月参加巴黎的音乐会。巴黎是一座能够使人们迅速获得地位和金钱的城市，凭借莫扎特的才华，他很可能会获得非凡的成功。

莱奥波德也对这个计划表示赞同，他写信支持儿子这样做。现在距离明年 4 月份还有一段时间，莫扎特也就权且在曼海姆住了下来，在温德林的介绍之下，他做起了几份教孩子弹钢琴的工作。

明年 4 月份的巴黎，是不是能够给在寻找梦想中的莫扎特以新的希望呢?

情迷路易丝

在这段时间里，莫扎特碰到了可能是自己生命中最重要的一个女人——路易丝·韦伯。

在温德林介绍当地剧场的男低音歌手弗朗茨·韦伯给莫扎特认识之后，莫扎特感觉到自己找到了一个良师益友，同时也是一位像父亲一样疼爱自己的男人。

莫扎特和母亲当时寄宿在韦伯家里，韦伯夫妇像父母一样照顾着莫扎特。韦伯非常欣赏莫扎特的才华，而莫扎特也同样对韦伯敬重有加。他在写给自己父亲的信中曾经提道："我这样喜欢他，除了他的外表，更因为他很像您，性格和思想方法简直跟您一模一样！"

韦伯有三个儿子和四个女儿，其中有三个女儿同样从事歌唱事业。在他们之中，韦伯对女儿路易丝更加看重——他认为路易丝会成为一名伟大的歌唱家。路易丝原

路易丝·韦伯

来叫作阿露西娅・韦伯。现在，她被人们称作路易丝。

实际上，当看到路易丝的时候，莫扎特已经心跳加速。他将自己在米兰时写作的《卢乔・西拉》交给路易丝，让她试着演绎。路易丝还是一个16岁的姑娘，当她唱这首曲子的时候，却似乎成了一个可爱的女人。莫扎特费了好大劲才掩饰住自己内心的惊奇。他毫不迟疑地就表达了自己想亲自教路易丝唱歌剧的想法。

但是韦伯却表示自己一无所有，不能让莫扎特无偿教自己的女儿。莫扎特内心多么想说："有您这个女儿就够了!"但他却只能表达："培养这样一个伟大的歌唱家，是一种幸福!"

对于路易丝的爱，即使是身在萨尔茨堡的父亲也已经强烈地感觉到了。他专门给自己的儿子写了一封信，委婉地表达了自己的忠告：

"你这一趟旅行的目的，是在我们的协助之下，使你比你姐姐获得的更多，更重要的是比你们在孩童时代所获得的名声更大。你要成为一名世界性的音乐家，向着任何一位音乐家所不及的最高地位不断前进，这是你的责任。你是想沉迷于美色，不知何时会死在破烂的草席上，让老婆孩子们流荡于街头乞讨，还是做一个虔诚的基督教徒，过着既拥有名誉又舒适安逸的生活？这必须依靠你自己的想法和你良好的行为。”

深陷感情旋涡之中的莫扎特，怎么能听得进自己父亲的话语？他接连写了七封信给父亲，表达了自己对路易丝强烈的爱意。他告诉父亲：“人们认为，凡是去跟一个贫女谈情说爱的，似乎总是心怀鬼胎。不过，我是莫扎特，一个心地干净的年轻人！”

能够在很短时间内连续写七封信给父亲来全面介绍和夸奖一位女歌手，这在莫扎特的一生中是极其罕见的。由此可见，莫扎特对路易丝的爱是强烈而真诚的。但是莱奥波德却也有自己的考虑。他认为儿子在功成名就之前，不适合结婚成家。

莫扎特的爱，可能更多的是一个男性对一个女性的追求和迷恋。路易丝似乎也有自己更高的追求。年轻的她，一心想成为一名伟大的歌唱家。当莫扎特把将去巴黎的想法告诉路易丝，并表达想要带路易丝一起去巴黎的时候，路易丝并没有多少心动的感觉。她反而建议莫扎特是不是应该带着自己一起去意大利。从她的语气中，莫扎特还是能够敏锐地感觉到她有逃离曼海姆的深切的想法。

后来，在同韦伯畅饮之后，莫扎特得知在曼海姆有人在打路易丝的主意——有人想要她做自己的情人。这是一件多么肮脏而无法让人接受的事情！这可能就是路易丝想要逃离曼海姆的原因。

借着酒意，莫扎特几乎当即就决定要同韦伯父女二人一起前往意大利，并敲定了行程。他似乎看到了路易丝头戴新娘花冠陪伴在自己身旁，后面跟着喜极而泣的韦伯，在婚礼的钟声中，两人步入教堂……

当莫扎特将自己放弃巴黎，而选择同韦伯父女前往意大利的想法告诉他的父亲的时候，莱奥波德几乎气疯了。在信中，莱奥波德训斥自己的儿子：

“你的建议差点儿让我失去理智，你的信写得简直像一篇小说！难道你真的下定决心和陌生人一起去闯荡世界，将你的名誉、你衰老的双亲、你可爱的姐姐置于脑后，让你的父亲成为大主教和整个萨尔茨堡的笑柄吗？我的儿子，你在儿童时代就在世界上为自己赢得了荣誉和尊敬。现在一切取决于你了。你要么借助慈悲的上帝成为一名具有崇高声望的音乐家，要么被一个女人囚在一个小屋子里，草甸上是你们嗷嗷待哺的婴儿，这样终生潦倒下去！我亲爱的儿子，到巴黎去！一个具有伟大才能的人的名字和声誉，将从巴黎传向全世界！当你在巴黎赢得了一切的时候，你再去意大利，再去帮助你可爱的路易丝小姐。让妈妈陪同你一起去!”

当莫扎特拿到父亲的来信时，内心极度悲伤。他将信中的内容告诉路易丝，并一把将路易丝搂在怀中，吻着她，泪水不自觉地涌了出来。路易丝先是呆呆伫立，然后将莫扎特推开。

“我们还只是普通朋友，莫扎特先生。到巴黎去吧，你的父亲懂得人情世故，比我们俩要强上一百倍。现在我到意大利，肯定也太早了些。一年之后，如果你还能记得我的话——”路易丝的话坚决而理智。

“我只是你的一个好朋友和老师？这还不够，对我来说这不够！路易丝，回答我。”

“我非常喜欢你，莫扎特先生。这是不是爱情呢？我们两人还太年轻，一年之后，一切都能找到答案的。”

虽然内心非常痛苦，但是现在的莫扎特已经不是叛逆少年了。他非常理解父亲的话。他写信告诉父亲，父亲的话是完全正确的，就是在谈到路易丝小姐的时候，也是正确的。他是一个听话的儿子，绝对服从父亲的命令。

这已经是1778年的春天，很快就要启程赶赴巴黎了，莫扎特母子在一个阳光明媚的早晨向韦伯一家告别。韦伯泣不成声，他的女儿康斯坦策和苏菲也同样跟着哭了起来。韦伯夫人赶紧将两个女儿领回房间，韦伯先生也回屋了，只剩下莫扎特和路易丝两个人留在外面。第一次，路易丝主动亲吻了莫扎特……

路易丝在莫扎特的人生中是一个占有极其重要地位的女人。实际上，莫扎特为这个女人痴狂。其中一部分原因是因为两人相遇在最美的年纪，同样抱有对艺术的崇高追求。美丽大方的路易丝，在气质方面对莫扎特的吸引是巨大的。另一方面，两人的合作也是天衣无缝的。莫扎特为路易丝创作了很多歌曲，而路易丝也能够将这些歌曲演绎得非常完美。莫扎特曾经提道："我为路易丝小姐写了一首咏叹调，我告诉她，你自己去练，你觉得应该怎么唱就怎么唱，练好了，让我听听。我会坦率地告诉她，我满意的是什么，不满意的是什么。几天之后我去韦伯家，她自己弹奏并唱给我听。我不得不向她承认，她唱得恰恰同我想要听到的完全一致。我正是要教给她这种唱法。"（1778年2月28日给父亲的信）

莫扎特是一个感情丰富、热爱生活的人。他特别重感情，也是一个爱走极端的人。他认定了大主教同他不对路，就不会轻易曲意逢迎；同样的道理，当他爱上了路易丝之后，就一辈子也不会将这个女人从自己的心中拿掉。

爱情是人一生中最伟大的馈赠。尤其是对音乐家来说，创造永远与爱相伴相随。因此，我们似乎应该特别感谢路易丝·韦伯。虽然她最终没有接受莫扎特的爱，但是她却点燃了莫扎特的爱情之火。如果没有这把熊熊燃烧的爱火，可能就缺少了很多惊世的天才之作。

母亲的去世

此次启程前往巴黎，母亲满心忧虑。在莫扎特小的时候，她可以陪伴着自己的丈夫和子女到处奔波。但现在她年纪大了，而且只有自己跟儿子，丈夫和女儿都在遥远的萨尔茨堡。她内心充满了忧虑，思乡情绪也袭上心头。如果说在慕尼黑和曼海姆她还能适应，这次要去一个语言和环境都不一样的国度，她就非常焦虑了。她病倒了。

巴黎之行的花费非常高昂。他们甚至不得不用自己的马车来支付车夫的报酬。在卖掉马车的时候，母亲的泪水不由地流了下来——这个马车陪伴了自己多少岁月，它甚至维系着她对丈夫和故乡的思念。而现在，就是这份思念也要斩断，这真是一件残酷的事情——她还能返回那美丽的萨尔茨堡吗？

他们到了巴黎，只能住在没有阳光而又十分寒冷的房子里。由于生活得不到资助，也没有特别合适的经济来源，生活日渐窘迫。

莫扎特又去拜访格林先生。当年，正是由于格林先生的积极引荐，自己才能够非常顺利地出入巴黎的高层社会，从而博得神童的声望。而当格林先生再见到莫扎特的时候，却不无遗憾地说，因为现在年纪大了，莫扎特“神童”的称号已经没有任何吸引力了，14 年前的成功几乎已经不可能重现了。

日子就这样艰难地过着。莫扎特只能临时找一些小的创作工作，以及一些教授孩子钢琴的工作来挣点外快。哪怕是报酬很低，但总比无所事事要强。当然，无论在巴黎的生活多么艰难，都没有阻挡莫扎特进行创作。在此期间，他创作完成了《G 大调小星星变奏曲》。

莫扎特的母亲玛利亚

母亲的病情却一天天地恶化。莫扎特要请医生，但是母亲怕花钱，不舍得请，而且她对法国医生也毫不信任。望着在病床上沉睡的母亲，莫扎特的内心十分凄惘。母亲是多么希望返回故乡，而年迈的父亲也多次在信中委婉地表达这种想法。但是，当初自己是为何才从萨尔茨堡逃离出来的？现在又怎么能就这样回去呢！

莫扎特将所有的感情都投入到创作之中。他开始弹奏起钢琴。

“莫扎特，若是我快死了，那我也想听听这首作品。”母亲醒了，并一直默默地站在他身后。莫扎特泪如雨下。

后来，他终于找到了一位德国医生。但是为时已晚，母亲得了非常严重的伤寒，已经无法医治了。

7 月 3 日这天，医生在诊断之后告诉莫扎特，母亲会在这一天离开他。

“莫扎特，你是我的幸福，我的骄傲！你给了我的都是幸福，没有别的！从你出生的那天起。”母亲的声音非常轻，但一字一句都击打在莫扎特的心上。这是一位多么伟大的母亲，七个子女，有五个夭折，自己内心的伤痛如何才能减轻。她同莱奥波德一样，将所有的爱都倾注到自己的儿女身上。她为莫扎特付出了作为一个母亲所能付出的一切。

“原谅我，母亲！”莫扎特已经泣不成声。

他想起了八年前，自己在意大利的时候给母亲写的信：

“我祝贺妈妈的命名日。愿她长命百岁，永远健康。这是我不断地向上帝祈求的，也是我天天为之祈祷的。我将天天为双亲祈祷。我没法给妈妈送上什么礼物，只好等到回去的时候带点儿小铃铛、蜡烛和面纱吧。现在，我亲吻妈妈一千次。我至死都是您最忠实的儿子！”

那时，未来还是那么光明而美好。而现在，母亲已经离自己而去，作为儿子，不仅没有尽到孝心，而且还连累自己的母亲在生命的最后时刻还在他乡忍受饥寒交迫的痛苦。这让莫扎特内心极度痛苦。

莫扎特强忍着巨大的悲痛，写信给自己的父亲。他并没有告诉莱奥波德实际情况，只是告诉父亲，母亲病得非常厉害，必须要有心理准备。作为一名虔诚的天主教徒，莫扎特相信母亲的去世是“上帝的旨意”。在这悲伤之中，他创作了伤感的《e 小调小提琴奏鸣曲》和《a 小调钢琴奏鸣曲》。

莫扎特在巴黎遭受的冷落和悲惨境遇，真是让人痛心，再加上母亲在巴黎的逝世，使得莫扎特对这座城市充满了不满和怨恨。他已经不可能再在这座冰冷的城市寻找未来了，他必须要离开。

这段时间发生了两件重要的事情。一件是曼海姆选帝侯的更替，新的选帝侯将都城从曼海姆迁到了慕尼黑。本来，这可能成为莫扎特重返慕尼黑寻找新的合适职位的好的契机，但却伴随着巴伐利亚在位继承权的战争而破灭了。

另外一件事情是萨尔茨堡的乐长洛里去世了。实际上，萨尔茨堡宫廷乐队空缺出了两个位置。而在莫扎特离开之后，大主教才逐渐意识到他的确失去了自己乐队中最有才华的乐师。他甚至开始委婉地询问莱奥波德，莫扎特是否能够重新返回萨尔茨堡。

实际上，莱奥波德内心也非常渴望儿子能够回来。但是他知道，儿子内心执拗，绝对不愿意做这样的事情。但在自己的妻子去世之后，由于对莫扎特的想念更加强烈，他开始给儿子写信，询问儿子是否愿意回来。而大主教这时候也异常大度地给予了莫扎特以好的保证：给莫扎特父子都增加薪水，同时允许莫扎特每两年有一次长时间的旅行假期，而且之后也可以接任宫廷乐长的职位。

在接到父亲的信之后，深陷失去母亲痛苦之中的莫扎特并没有回绝。他已经对巴黎这个冰冷的城市感到绝望。

寂寞和孤单袭来，他渴望能够早点儿见到父亲。但对是否立即下定决心回去，他还在踌躇。

格林先生在听闻这件事情之后，非常支持莫扎特回萨尔茨堡。因为他早就感觉到，诚实的莫扎特并不适合这座城市。如果莫扎特仅有现在才能的一半，但却花更多的心思去从事社会活动的话，他早就在巴黎站稳脚跟了。但是事实上，莫扎特并不能做到这一点，他全身心都在艺术的世界里。

格林先生甚至提笔给莱奥波德写了一封信，信中提到莫扎特在巴黎生活的凄惨，希望莱奥波德可以劝自己的儿子返回萨尔茨堡。莱奥波德对格林的话没有丝毫的怀疑。他赶紧写信，甚至以命令的语气让儿子返回萨尔茨堡。在父亲的一再催促之下，莫扎特终于下定决心启程返乡。

在母亲的墓前依依话别后，莫扎特踏上了取道曼海姆返回萨尔茨堡的旅程。

再见，路易丝

在巴黎的时候，莫扎特对路易丝的思念与日俱增。他曾经给路易丝写过很多信。其中有一封足以表明他对路易丝的思念之深：

“什么时候我能享受和你重逢的快乐，我才会感到无比的幸福和安宁——我要在狂喜中用我的整个心灵拥抱你！啊，我多么盼望这一天，千万遍地祈求这一天的到来！唯一使我安慰、看到希望的，就是对你的思念，我恳求你给我写信。你真想象不到你的来信能给我带来多么大的欢乐。”（1778 年 7 月 30 日，自巴黎寄路易丝）

这次返回萨尔茨堡，莫扎特之所以选择了取道曼海姆，是因为他还有别的想法。他幻想着可能会在巴伐利亚宫廷乐队找到新的职位；他甚至幻想着美丽的路易丝这次能够接受他，成为他的新娘。

到达曼海姆的时候，父亲的信又到了：

“你希望在曼海姆得到职位？你现在既不能在曼海姆，也不能在世界上的任何地方任职，除了在萨尔茨堡。你的整个想法就是要自我毁灭，这只是为了去实现你的那些虚无缥缈的计划。可我希望，在你的母亲死于巴黎之后，你不要昧着良心要你的父亲也死去。上帝保佑，我还没有失去理智，我还希望我的孩子们永久幸福。我也珍惜我自己和我的孩子们的声誉。我们负的债必须偿还，但我一个人做不到。因此，你接到这封信之后立刻动身。”

父亲的话不仅是严厉的，而且是不容反抗的。因此，莫扎特只在曼海姆稍做逗留就启程前往慕尼黑。实际上，路易丝一家现在正在慕尼黑。莫扎特多么期望马上就能够见到她。

当见到韦伯先生的时候，韦伯先生立刻热情地拥抱了他。韦伯告诉莫扎特，路易丝现在是慕尼黑剧院的明星。她的薪酬比大主教所许诺给莫扎特的薪酬的两倍还要多。中午的时候，路易丝回来了。当她见到莫扎特的时候，非常礼貌而愉快地与莫扎特寒暄。

从语言和神态中，莫扎特感觉到路易丝似乎有了很大的改变。目光中多了一些犹疑和不屑，有一些高傲和自负。

饭后，两个人找了时间独处。这时候，莫扎特积攒了很久的对路易丝的爱都喷薄而出。他毫不掩饰自己对路易丝的思念：

“路易丝，我一直一直都在思念着你。现在我成了萨尔茨堡宫廷和教堂的管风琴师，我每年有五百古尔登的收入。路易丝，你愿意跟随我去萨尔茨堡吗？你愿意做我的妻子吗？”

“我是否愿意做您的妻子？莫扎特先生，我现在在这儿得到的比你要多一倍。这个我们先暂且不谈。但是您真的相信，我会放弃在这里的舞台生涯，而把自己埋没在萨尔茨堡吗？如果我爱你超过了一切，我会这样做的。但是，我不爱你！”

“你不爱我？”

“是的，我从来没有爱过你！”

“永别了，路易丝小姐。”

“永别了，莫扎特先生。在此表示美好的致意！”

莫扎特已经泪眼朦胧。这么久以来，自己心中都存有对路易丝强烈的爱意。但是现在，母亲不在了，自己心中的这份爱的寄托也被无情地打碎。这一年多，莫扎特经历了怎样的人生起伏啊！

韦伯将莫扎特拉到自己的房间。他安慰莫扎特，现在的路易丝已经不是当年的路易丝了。成名之后的她，已经不复当年的单纯。莫扎特不值得为了她付出这么多的感情。但是，如果莫扎特可以接受他的另外一个女儿康斯坦策，那么将是非常完美的。

莫扎特已经心乱如麻，他现在听不进任何的话。他现在只想逃离这儿，逃离这个令他伤心的地方。

他要回家。

归　　乡

由于莫扎特中间取道曼海姆和慕尼黑，所以一再推迟了返回萨尔茨堡的行程。当莫扎特终于返回的时候，莱奥波德显然已经等得有些不耐烦了。

但毕竟是自己的宝贝儿子。几年之前，莱奥波德亲自送儿子和妻子踏上了追寻理想的旅程。但是，当儿子再一

重新返回萨尔茨堡的莫扎特与父亲、姐姐在一起。

次站到自己面前的时候，妻子已经离开了这个世界，甚至连当年驮着母子二人远去的马车都不见了。无论从什么角度说，这次旅行都是失败的。但是，儿子比以前更加成熟了，这或许是唯一值得安慰的地方。

同莫扎特一起回来的，还有他的堂妹。他们在慕尼黑会合，并一起坐车回到了萨尔茨堡。

“我们把过去一笔抹掉，开始新的生活吧！去问候一下你的姐姐，她在你离开的日子里，对我来说就是精神支柱。”莱奥波德说。

第二天，莫扎特就得到了教堂管风琴师和乐队首席的任命。虽然莫扎特依然对大主教心存怨恨，但是他像一个绅士一样，按照礼仪毕恭毕敬地前往宫殿表达谢意。

事情似乎就这么平静下来了。经过一系列的打击，莫扎特终于愿意静下心来，好好地在萨尔茨堡待一段时间。

但这种平静背后，一种不安的情绪似乎在悄然滋长……

第5章：到维也纳去（1779—1783）

萨尔茨堡的梦魇

1779年1月中旬，莫扎特终于回到了阔别已久的萨尔茨堡。

现在的萨尔茨堡，已经不是当年的萨尔茨堡了。即使是在家中，甚至也发生了很多微妙的变化。父亲变得沉默了，这种沉默让莫扎特非常不适应。有时候，一个眼神，或者一句话都会让莫扎特感受到父亲内心的凄惘。莫扎特知道在一定程度上，父亲将妻子的去世归结到自己儿子非要进行长途旅行这样的选择上。父亲的沉默，更像是一种无言的责备。

其实，莫扎特何尝不在自责呢？如果母亲当初不跟随自己外出，如果一路上节省一点，最后也不至于不舍得治病。母亲的去世，自己负有不可推卸的责任。他主动跟父亲谈起母亲的病情和去世的情形。莱奥波德没有责怪他，但是他对儿子很多事情的处理方法的不认同是十分坚定的。这既包括那次执拗的旅行，也包括他同韦伯一家的交往。但这一切，可能也是儿子成长过程中不可缺少的一个环节。他只希望儿子能够从中汲取教训。

姐姐娜内尔对莫扎特的态度也与过去不同了。娜内尔已经 28 岁了，还依然没有结婚。这在很大程度上就是因为家人把所有的积蓄，甚至娜内尔自己的积蓄都拿来让莫扎特外出寻找未来了。但是莫扎特却从来没有向她表达过感激之情，这在娜内尔看来，无异于过度自私。

对于这些，莫扎特还是可以理解和忍受的。但是对萨尔茨堡却有他永远无法接受的理由。在 18 世纪的封建专制制度之下，宫廷乐师实际上就是领主的奴仆。曾经担任过宫廷乐长的海顿就曾悲伤地表示："我坐在荒野里，几乎没有人类和我在一起，我是很痛苦的……最近几天，我也不知道我是乐长还是剧场验票员……要知道经常做奴隶是很可悲的……”海顿还算是一个性情敦厚的音乐家。而莫扎特这样一个不甘心居于人下的音乐天才，怎么能够接受作为“奴隶”的命运？这实际上就是他同大主教总是产生矛盾的最深层的原因。

“把我的真实情感告诉你吧，萨尔茨堡唯一使我厌恶的地方，是不能和人们自由交往，以及音乐家地位的卑微，还有，大主教不信任见过世面的智慧人民的经验。”莫扎特直截了当地将自己对萨尔茨堡厌恶的原因阐释得简洁而清楚。

莫扎特对大主教的厌恶，最后甚至扩展为对整个萨尔茨堡和萨尔茨堡人的厌恶。他曾经在1779年写给父亲的信中提道：“我发誓，我实在无法忍受萨尔茨堡和当地所有居民，不管他们的语言还是他们的生活方式，都令我无法忍受。”

而回到萨尔茨堡之后的莫扎特，也曾经在1780年写给父亲的信中非常直接地跟自己的父亲表示：

“您应该知道，仅仅是为了您的高兴，我才待在萨尔茨堡的。上帝在上，要依照我自己的心愿，在那天离开之前，我会把最新订的那份契约拿去擦屁股。因为，凭我自己的名誉起誓，叫我日复一日越来越无法忍受的，并不是萨尔茨堡那地方本身，而是那个亲王与其左右傲慢无礼的贵族。所以，假如给我一份书面通知，说他已经不再需要我为他服务，我将感到高兴。”

对于一个天才艺术家来说，没有施展其才华的环境，就如同没有空气一样令人窒息。

还好，莫扎特在接下来的一年半时间里，虽然忍受着巨大的痛苦，但是他将更多的心思投入到作品的创作之中。况且，大主教这一次有言在先，每两年会允许莫扎特做一次长途旅行。因此，只要坚持一段时间，就会有解放的时候！莫扎特不断地安慰着自己。

在一个对个人天赋权利普遍缺少关注和尊重的时代，莫扎特的个人遭遇具有普遍性。正是在这样一个时代，莫扎特对权贵的鄙视和压制所表现出的勇气和抗争精神，实可谓是难能可贵。自由是人类最宝贵的东西，因此，在莫扎特这样有着高度艺术素养的人看来，自由一旦丧失，生活也会随之变得寡然无味。

或许，希望之火会在未来的某一天悄悄点燃。

慕尼黑的希望

莫扎特所在的乐团偶尔会来一些剧团演出。大多数是一些默默无闻并没有任何特色的剧团，这些当然并不能吸引莫扎特的注意。不过偶尔也会有几个不错的剧团来到此地。曾经在维也纳剧院演出的伯姆夫妇，组建了他们的巡游剧团来到萨尔茨堡之后，莫扎特的创作热情重新被激发出来。

莫扎特为他们创作了《托马斯王》的配乐，整个萨尔茨堡似乎又重新找回了往日对于歌剧的热情。在伯姆走后，新来的乐团依然吸引着莫扎特。莫扎特同父亲和姐姐经常出现在剧院之中，在这里，他们也见识了各种各样的剧作。说是消磨时光也好，说是在等待时机也好，总之这一年半的时间毕竟过得还算平稳。

《伊多梅纽斯》剧照

1780 年 9 月的一天，莫扎特的老朋友，在慕尼黑担任宫廷乐长的卡纳比希给他来信，说他从选帝侯卡尔·特奥多尔那里为莫扎特讨得了一份创作一部歌剧的委托——也就是为 1781 年的慕尼黑狂欢节谱写歌剧。

于是，莫扎特全身心地投入到歌剧《伊多梅纽斯》的创作上来。这实际上算是莫扎特的第一部正歌剧。这部歌剧不是德语的，而是意大利语的。伊多梅纽斯是古希腊历史中的人物，他是克里特国王，曾经参加了特洛伊战争。在返国途中遇上暴风雨，他向海神许愿，如果能够得救，他就把克里特岛上遇到的第一个生物作为贡献，献给海神。他回国后第一个遇见的却是他的儿子。为了履行诺言，他杀掉了自己的儿子祭祀海神。

1780 年 11 月初，莫扎特赶往慕尼黑。大部分的创作需要在慕尼黑完成。卡纳比希热情地迎接了莫扎特。选帝侯对这部歌剧非常看重，他常常会在排练现场观看排演。选帝侯的热情不仅使莫扎特感到由衷的高兴，而且也获得了新的希望。

《伊多梅纽斯》的总谱写得非常厚，莫扎特几乎写得都要手软了。虽然特别累，但创作作品的这几周时间，却让他感到特别舒心。实际上，莫扎特觉得选帝侯这一次肯定不会再放他离开，在萨尔茨堡的劳役终于看到尽头了。

《伊多梅纽斯》还没正式上演，在萨尔茨堡就已经流传着它的好评了。莫扎特的父亲特别希望能够亲眼观看这部作品，但又估计大主教不可能会放自己前去。恰恰前不久，奥地利皇后玛利亚·特莱西亚去世，因此大主教决定动身前往维也纳吊唁，这给了莱奥波德先生一次难得的机会。莱奥波德和娜内尔赶在莫扎特 25 岁生日之前赶到了慕尼黑。他们有幸目睹了这部作品从排演到演出的整个过程。

《伊多梅纽斯》的演出是空前成功的。本来在演出之后，莫扎特就应该陪同父亲和姐姐一起返回萨尔茨堡。但是莫扎特好不容易出来，并且得到了选帝侯的器重，他绝对不愿意放弃这样一次逃离的机会。因此，他没有请示大主教，就自己擅自决定留在慕尼黑参加当地的狂欢节。其实，他更多的是想利用这次《伊多梅纽斯》成功上演的机会，争取让选帝侯将他留在身边，从而逃离萨尔茨堡。

莱奥波德在看到儿子的成功之后也感到些许欣慰。他也明白萨尔茨堡对莫扎特来讲，实在是太小而且太贫瘠了，并不适合他成长，而且这次或许真的能够争取到留下来的机会，因此也就不再加以阻拦。他和娜内尔返回了萨尔茨堡。

莫扎特在临别的时候告诉父亲："如果这所有的美好计划都没有实现的话，如果我真的不得不回到萨尔茨堡的话，那在此之前我至少也要让自己好好放松放松。"

之后，为了向选帝侯证明自己是一名出色的教堂作曲家，莫扎特写了一首《慈悲经》。他的朋友卡纳比希等人也在积极为他争取机会，一切都在向着有利的方向发展。

维也纳的冲突

正当莫扎特在慕尼黑志得意满的时候，他接到了大主教命令他去维也纳的消息。维也纳——音乐的天堂，莫扎特对这座城市自然是充满了万分的渴望。但是，这次是大主教的命令，大主教要做什么呢？莫扎特猜不准。眼下，选帝侯还尚未对自己的未来有什么指示，而得罪大主教的话，会惹得父亲震怒。所以，维也纳之行必须要去。

1781 年 3 月，莫扎特赶往维也纳。莫扎特刚来到维也纳，心口就被堵了一下。他被安排在德意志大厦同大主教的仆人们共同用餐，仆人们的总管甚至明确地告诉莫扎特，他是莫扎特的上司。莫扎特最不能接受的就是这一点。从六岁的时候起，他就得到了奥地利、法国、英国国王的称赞，他常常出现在顶级的聚会上，为欧洲名流表演；他在意大利获得骑士勋章，在他内心里自己是一个不折不扣的贵族。但是，大主教却把他看作一个招之即来挥之即去的仆人。

遵从大主教的命令，莫扎特参加了一场音乐会。当他进入音乐厅的时候，一阵热烈的掌声响起，这让他意识到，自己还是被维也纳的部分贵族所牢记的。大主教的父亲，老科洛莱多侯爵亲切地同莫扎特交谈，图恩伯爵夫人也走过来热情地请求莫扎特留在维也纳。但这些都是大主教科洛莱多所不能理解，也不能容忍的。图恩是承袭亡夫遗产的伯爵夫人，她见多识广，并以赞助音乐事业而闻名于世。

“你今天做得很好，将功补过了，你可以下去了！”大主教命令说。

“将功补过，他犯了什么错吗?”图恩伯爵夫人感到非常奇怪。

莫扎特

实际上，大主教所气愤的，不过是莫扎特在《伊多梅纽斯》成功上演之后，没有征得他的允许在慕尼黑多待了几天这件事而已。

“我们这儿待会儿还有半个小时喝茶的时间，我邀请你到我们桌子上来。走吧！莫扎特先生，把胳膊给我！”图恩伯爵夫人在听到这么奇怪的理由之后，坚决邀请莫扎特共同用餐。

伯爵夫人领着莫扎特从大主教面前经过，大主教恼火异常，但是他又不能立刻发作。一股怒火开始在心中堆积。

这时候，莫扎特原来在维也纳的老朋友们也都围拢过来，纷纷邀请莫扎特参加他们私下举行的音乐会。

“我非常乐意，但是恐怕您得首先问过我的大主教。”

“我们已经问过了，他没有什么意见。”

“那就可以。”

莫扎特表现得谦逊而克制。他接受了这些贵族们的邀请，他内心似乎能够感受到对大主教的报复。他，一个音乐天才，理应受到贵族们的赏识。不，莫扎特他本人也理应是一个贵族，而不是什么卑颜屈膝的奴仆！

第二天，怒不可遏的大主教将莫扎特召唤过来，劈头就是一顿怒骂。他认为莫扎特这样低贱的身份，根本不配跟图恩伯爵夫人他们共进晚餐。但这一次，莫扎特也毫不示弱，他表示，自己如果愿意的话，也是一个骑士，也是一个贵族。大主教气得脸色煞白。这次的见面十分不愉快，但尚未发生太严重的后果。

到了4月初，莫扎特被要求参加一个大型音乐会的演出。这次演出是为维也纳声乐艺术家的遗孀和遗孤募捐而举办的。这实际上也是维也纳音乐生活中最为盛大的活动之一。莫扎特为这次音乐会准备了他的《C大调交响曲》和一首钢琴协奏曲。这次音乐会，也使得莫扎特的拥护者更广泛地聚集在一起。剧场里座无虚席，他受到了前所未有的支持和关注。

这次音乐会使莫扎特更加坚定了离开萨尔茨堡的决心。他深刻地感受到自己必须留在维也纳。在维也纳，有喜欢他音乐的贵族，有喜欢他音乐的人民。即使不能进入维也纳的宫廷乐队，他也完全可以在这里教几个报酬优厚的学生。然后，他可以创作一部歌剧，通过歌剧可以赚很多很多钱。现在，维也纳的宫廷乐长已经70多岁了，不久就要退休。他退休之后，就会有人递补为乐长，那么乐队中就会空缺出一个新的名额。莫扎特必须要留在维也纳等待这样的时机。

莫扎特将自己的想法告诉了父亲。但是父亲明确地告诉他，在得到新的职位之前，绝对不可以辞职。

大主教在4月底举办了他的最后一次音乐会，然后立即命令自己所有的乐师返回萨尔茨堡。但是，莫扎特并不情愿离开，因此他首先假托说要等待很多人付给他酬劳，所以需要暂时留下来。大主教同意了他的请求，但是刻薄地将他赶出了现在所免费住的德意志大厦，让他自己找住宿的地方。莫扎特也毫不犹豫地立刻打包离开。他找到了当时在维也纳的韦伯一家，权且在此安身。

5月9日，大主教又一次要求莫扎特返回萨尔茨堡。这是一次非常不愉快的见面，两个人甚至为了是不是必须返回而激烈地争吵起来，争吵的结果是莫扎特要求辞职。

莫扎特返回住所，赶紧写好了辞职信。但他在想，该如何向父亲交代这件事情，父亲能够理解他的愤怒吗？但是他必须要这样做。他恨大主教已经恨得发疯。天明之后，莫扎特感受到了一种前所未有的解脱感，他似乎已经闻到了自由的气息。写给父亲的说明信也已经寄出去了。不管父亲是不是能够支持他，他都决定先辞职。虽然他内心非常渴望父亲能够勇敢地站出来支持自己。

他马不停蹄地赶到德意志大厦，将自己的辞职信交给大主教的侍卫官阿尔科伯爵。但是出乎意料的是，阿尔科伯爵却非常不待见莫扎特。他甚至拒绝将这封辞职信转交给大主教。阿尔科伯爵认为，莫扎特在行动之前，必须要经过他父亲的同意。

“我的上帝啊，你老是忘记，你也是一个类型的仆人！不，莫扎特，你要理智，不要谈什么退职。再说事前你也得征求你父亲的同意，否则这就是你的过错了。我再告诉你一遍，我不接受你的辞职信，等我们回到萨尔茨堡再说。今天我要给你的父亲写信，他应该会使你的头脑清醒清醒！”

莫扎特非常激动地离开了德意志大厦。如果阿尔科伯爵真的写信给自己的父亲，事情就会变得非常棘手。从莫扎特小时候，父亲就在他心中享有绝对的权威。如果父亲听信阿尔科伯爵的话，坚决不同意他辞职，那该怎么办？父亲也的确在几天后给莫扎特来信了。当莫扎特读到这封信的时候，他的心都凉了。因为在信的最后写道：“你别这样做，否则我就没有你这个儿子！”

又过了几天，阿尔科伯爵差人来请莫扎特，说是伯爵收到了莱奥波德的一封重要的信件。看来，莱奥波德一直在同阿尔科伯爵进行相关的交流。伯爵显然是非常希望自己能够劝说莫扎特改变自己的想法，安心返回萨尔茨堡。

但是执拗的莫扎特早已经将自己与大主教的关系视同水火不相容。他怎么能够接受阿尔科伯爵的建议，就这么轻易地返回萨尔茨堡呢？刚开始的时候，阿尔科伯爵还想规劝莫扎特能够听从父亲的话，安心返回萨尔茨堡。但是这位音乐家对自由的渴望已经超出了世俗的阿尔科伯爵的预期。结果两人越聊越激动，最终怒不可遏的阿尔科伯爵将莫扎特直接从家中赶了出去。

莫扎特明白，阿尔科伯爵代表的，是莱奥波德的意志。

但是，这一切已经无可挽回。莫扎特要的是自由，他要的是尊重。在这次激烈的冲突之后，莫扎特终于辞去了萨尔茨堡宫廷作曲家的职务。实际上，莫扎特是欧洲历史上第一位公开摆脱教廷束缚的音乐家。

康斯坦策

辞掉了宫廷乐师的工作，莫扎特就等于断了经济来源。

在这个繁华的都市，一个落魄的音乐家该如何生存？命运之神冥冥中眷顾着这个天才。韦伯一家这个时候也恰好在维也纳。但是，韦伯先生已经去世，而路易丝也已经嫁为人妇。路易丝的丈夫是当时维也纳的宫廷艺术家约瑟夫·朗格。韦伯夫人带着自己的三个女儿跟路易丝住在一起。出于旧日的感情，韦伯一家收留了落魄的莫扎特。

虽然路易丝已经结婚，但是莫扎特对她的爱依然没有熄灭。在 1781 年 5 月莫扎特写给父亲的信中，他就已经表达了自己当时内心的极度矛盾。“我是个傻瓜……可是当一个人陷入爱河，他还有什么不能做的呢？路易丝依然让我心动。”

而路易丝的决绝也是不可动摇的。她非常大方地将自己的丈夫介绍给莫扎特认识。事情发展到似乎只要莫扎特能够放下心结，一切都会变得明媚起来的地步。但是让整个事情变得更加复杂的是，路易丝的妹妹康斯坦策一直默默地爱着莫扎特。

康斯坦策比她的姐姐路易丝要小两岁。她并不是一个特别喜欢抛头露面的女生，她喜欢的是做家务、照顾自己的亲人。在这个家庭之中，似乎生活上的一切琐事都会压在康斯坦策身上。路易丝现在生活得很幸福，而且，她当初是怎样干脆而决绝地拒绝了莫扎特的爱。现在，除了祝福路易丝，还能有什么更好的选择吗?

当莫扎特被阿尔科伯爵赶出来之后，他的心情落到了谷底，他多么渴望这个时候能有人给自己以安慰。但是无论是自己的父亲、姐姐还是自己内心挚爱着的路易丝，都不能给自己以宽慰。他慢慢地踱回韦伯家。温柔贤惠的康斯坦策正在为他打扫着房间。莫扎特感到额头发烫，他似乎是要病倒了。当莫扎特看到两年之后的康斯坦策已经出落得美丽大方，甚至已经与路易丝颇有几分神似的时候，他的内心一阵惊慌。

但比他更着急的是康斯坦策。康斯坦策细心周到地服侍着莫扎特。她为他煮了热糖水，并一勺一勺地喂给他喝。蒙眬中，莫扎特似乎看到了路易丝的影子。他把康斯坦策搂在怀里，热情地亲吻了她。

康斯坦策并没有拒绝，相反，她用吻回应了莫扎特，不过随即她又挣脱了。

“我为什么吻了她?她像路易丝，虽然她比路易丝还要好，但是我不爱她。多么善良的姑娘啊!如果没有她来照顾我，这个世界上还会有谁呢?”莫扎特内心陷入了极大的矛盾之中。

康斯坦策

第二天醒来，康斯坦策来跟莫扎特打招呼。

“莫扎特先生，昨晚的事，请你一定要忘记。我一向不是这样的。你不要把我看成是一个轻佻的姑娘！”康斯坦策脸颊绯红。

“我没有控制住自己，以后不会再发生了。”

实际上，莫扎特的内心也在不断地发生着变化。毕竟，当康斯坦策走进他的生活时，他的部分注意力已经从路易丝身上转移开来。当细心地观察康斯坦策之后，他发现了他原来没有发现过的美。逐渐地，莫扎特对路易丝的爱恋转移到了康斯坦策身上。

莫扎特必须要向前看，他最终决定接受康斯坦策。父亲也非常担心他这种矛盾的心态是否会影响他未来的幸福生活。因此，他在给父亲的信中曾经用这样的话语来打消父亲的顾虑：

“人性的呼唤，在我身上像别人一样强烈，也可能比许多蠢人更加强烈。然而我却不能像如今的年轻人那样生活。首先，我有着强烈的宗教感；其次，我对朋友有太多的爱，而且有太高的荣誉感以阻止我去诱骗一个无辜的姑娘；再次，我太容易恐惧、烦躁不安，对疾病充满了过多的忧虑和恐惧，并且太在意自己的身体健康而不会去跟妓女们鬼混。”

实际上，莫扎特在接下来几个月里与康斯坦策的交往，更加坚定了要同康斯坦策在一起的决心。他这样评价自己的妻子：

“我亲爱的康斯坦策是这一家中的受难者。可能正是因为这样的缘故，她是这一家中心肠最好、头脑最清楚的人。全部家务她一手全包了。可是在其他人眼里，她什么也没干好。与其说废话来烦扰您，还不如让您熟悉一下我亲爱的康斯坦策。她并不难看，也并不漂亮。她不算聪明人，但绝对有健康的头脑当个贤妻良母。有人说她奢侈浪费，那是无中生有；相反，她穿着朴素。她愿意穿得干干净净的，但是她不赶时髦，而且女人需要用到的东西她都会做，甚至每天自己梳妆。最重要的是她会自己料理家务，而且有一副天下最善良的心肠。我爱她，她也深爱着我。告诉我，有了这样的女人，我还想找更好的妻子吗？”

莱奥波德和娜内尔都反对他们的交往。父亲经常写信给莫扎特，要求他赶紧离开韦伯一家：整个维也纳都在谈论莫扎特要跟韦伯家的二女儿结婚了。但莫扎特现在结婚太早了，因为他还没有固定的收入，现在去建立一个家庭显然太草率了。如果说同大主教闹翻是一件蠢事，那么现在结婚就是蠢上加蠢。而且，如果莫扎特要结婚的话，也应该在维也纳一群家境殷实的女孩子中挑选，而不应该同破落的韦伯家的二女儿结婚。姐姐不久也要结婚了，因此现在要做的，应当是赶紧寻找正当的工作。

莫扎特的叛逆又袭上心头。父亲极力反对自己的爱情，他却偏偏要坚持。这个时候，他全力进行了《后宫诱逃》的创作。而这部作品的女主人公的名字就是——康斯坦策。

《后宫诱逃》

实际上，最早将这个剧本介绍给莫扎特的，正是路易丝的丈夫——朗格先生。当时，莫扎特还没有正式辞掉工作。他来到维也纳的韦伯家参加他们的家庭聚会。朗格告诉莫扎特，他的同事斯台芳尼手头正好有一部很好的剧本，名字叫作《后宫诱逃》，如果莫扎特有意，他可以将这个剧本委托介绍给他。

《后宫诱逃》剧照

莫扎特愉快地接受了这个建议——即使是从自己的情敌那里得到的也好。

莫扎特从大主教那里辞掉了自己的工作之后，他便把自己全部的未来，都押在对《后宫诱逃》这部歌剧委托的获取和创作中来。或许他可以通过这部歌剧，重新找回自己在维也纳的尊荣。

图恩伯爵夫人也非常支持莫扎特的想法。她甚至为莫扎特谋划了如何从剧院经理那里争取到这份委托的方法。不久，图恩伯爵夫人专门举办了一场私人音乐会。她邀请了莫扎特、路易丝夫妇、剧院经理，还有一个神秘嘉宾——奥地利皇帝，这是所有人都没有预料到的。

皇帝约瑟夫以个人身份出现在图恩伯爵夫人的晚会上，他希望别人不要注意到他，就把他当成普通的客人一样。当他见到莫扎特的时候，两个人兴奋地聊起八年前莫扎特来到维也纳为他演出时的场景。当他们寒暄过后，路易丝为大家带来了莫扎特的《伊多梅纽斯》中的咏叹调。一曲过后，整个人群沸腾了。所有人都为之叫好。

约瑟夫皇帝兴奋地告诉莫扎特："我真想再一次完整地听到您的《伊多梅纽斯》。"然后他转向剧院经理："告诉斯台芳尼，他该把这个剧本提供给莫扎特，若是莫扎特不给我们一部独特的东西，那我就一定是看错人了！”

获得了皇帝的认可，莫扎特看到了光明的未来。维也纳这个城市，在此夜似乎化身为一个美丽动人的姑娘，撩动着莫扎特的心弦。他多想将这座城市揽入怀中，尽情地在此挥洒自己的才华。

如同冥冥之中注定的一样，《后宫诱逃》的女主人公的名字叫作康斯坦策——莫扎特未来的妻子。当然，也有人说这个名字本身就是莫扎特有意为之。无论如何，这部作品似乎成为两个人爱情的见证。因为正是在这部作品成功上映之后，两人步入了婚姻的殿堂。

《后宫诱逃》所讲述的故事发生在1600年左右的东方，讲述了西班牙贵族贝尔蒙特准备从土耳其国王帕夏的后宫救出爱人康斯坦策的故事。同样沦为俘虏的前仆人布隆德以及布隆德的男友彼德利奥从旁协助。后宫守卫奥斯明识破了他们的逃亡计划，要求将他们处死，但国王帕夏反而释放他们并给了他们自由。

莫扎特开始并不喜欢这个剧本。为此，他让斯台芳尼重新做了些更改。当他为此事全情投入的时候，也受到了很大的阻力。皇帝的宫廷乐长萨列里是一个意大利人。因此，他对所谓的德意志歌剧充满排斥，他认为歌剧只存在于意大利。他经常对皇帝说：“德国的歌剧是在为自己挖掘坟墓。陛下，终归有一天您会重新回到意大利歌剧中来！”

而莫扎特创作的这段时间，同康斯坦策的关系有了突飞猛进的发展，两人甚至约定在歌剧上映之后结婚。然而，莫扎特的感情生活也面临着父亲以及在维也纳的某些势力的干涉。面对事业和感情上的双重压力，莫扎特坚强地挺了过来。

6 月初，《后宫诱逃》终于开始排练了。7 月 16 日是第一次公开演出的日子。当莫扎特身着华丽的演出服出现在舞台上时，就受到了观众热烈的欢迎。然而也有少数破坏者出现在剧场，试图扰乱演出秩序，但是却遭到了观众的抵制。几乎每一段都会有观众要求再来一次。在结束的时候，莫扎特一再地向欢呼的观众鞠躬致意，他充满了幸福。他真的征服了维也纳！他或许可以成为德国歌剧的真正创造者！

但是在演出之后，约瑟夫皇帝的话语却显得难以捉摸。“我祝贺您，莫扎特！”约瑟夫皇帝夸赞他，“我好久没有看到我的维也纳人民这么如痴如醉了，这真是一种享受！我作为一个外行给出的意见是，您乐队的伴奏经常过于满了，它压过了歌唱家。”

“陛下绝不是一个外行，而是一个伟大的音乐行家！”莫扎特毕恭毕敬地回答。

“我感谢您的好意，亲爱的莫扎特。一切都确实很美。是很好的意大利华彩！遗憾的是，它们显得太孤单了。”皇帝的话让人越发不能理解了。

但是这并没有影响到《后宫诱逃》在整个维也纳所掀起的观看热潮。实际上，它成了当时最为卖座的节目。

走向婚姻的殿堂

与《后宫诱逃》的创作同时进行的，是莫扎特与康斯坦策的感情。当试着把对路易丝的爱转移到康斯坦策身上的时候，莫扎特似乎重新找回了对未来的憧憬和希望。

而韦伯夫人这个时候也有自己的考虑。她知道莫扎特跟康斯坦策已经彼此爱慕，她甚至已经放出风去，说这两位年轻人将在不久的将来喜结连理。但是实际上，她却知道两个人的关系发展远远没有达到她的预期。她把康斯坦策叫到自己身边："你同莫扎特的事情没有什么大的进展。我已经跟你说过，你不能太挑剔了。这个人会有成就的，你的姐姐路易丝早就说过了。他现在正在创作一部歌剧。如果这部歌剧成功了，那他一夜之间就成为名人了！"母亲的想法看似有些功利。

"我认为，他过去爱着路易丝，现在也许还爱着她。但是他不爱我。妈妈，如果他要我的话，我会同意的，但是他不要我。"康斯坦策似乎很委屈。

而实际上，这个时候的莫扎特正面临着父亲的巨大压力。父亲接连写信告诉自己的儿子现在绝对不能结婚，而且必须要离开韦伯一家。莫扎特甚至要遵从父亲的意愿，着手准备离开韦伯家另外寻找住处。他心里极不情愿，一方面他知道自己再不会找到能够让他受到如此多的照顾的住处，另一方面这一离开让他更加感觉到似乎离不开康斯坦策了。

康斯坦策也非常积极主动地帮助莫扎特寻找新的住处。当然，这并不是说她特别希望莫扎特离开她，而是因为她单纯地觉得只要能够帮得上莫扎特，她都愿意付出十二分的努力。她亲自为莫扎特挑选了一处安静而高雅的住所。

“康斯坦策小姐，你真的想很快把我甩掉！”莫扎特说出这句话的时候就已经后悔了。

“这间房子只能保留到今晚，如果你打算要租下来的话，那就得马上过去！”实际上康斯坦策已经满眼泪水，只是强忍着没有流下来。

从韦伯家出来，莫扎特内心陷入了痛苦的挣扎。父亲的训令重要还是勇敢地接受这份爱更重要？按照传统的眼光，康斯坦策并不美，她也没有音乐才华，家境一般。但是，现在在莫扎特眼中，这个拥有最单纯灵魂的女子却风姿绰约。而且，这个爱着莫扎特的女孩，心中却一直压抑着对莫扎特的爱——因为她知道莫扎特爱着自己的姐姐！康斯坦策真是一个可怜又可爱的孩子。

在莫扎特搬到新的住所之后，康斯坦策还会来拜访他。8 月底的一天，当莫扎特写好了《后宫诱逃》中的一支曲子时，康斯坦策来了。

莫扎特迫不及待地让康斯坦策来试唱这支曲子，他亲自为她弹奏。这支曲子倾注了莫扎特的心血，他为剧中的康斯坦策而作，但实际上他无时无刻不在想着现实生活中的康斯坦策。

“康斯坦策小姐，你还记得我在曼海姆为你姐姐写的咏叹调吗？后来，她把那支咏叹调放一边了，现在我想把它送给你。这是我俩私下的事，除了你我不叫任何人知道。你觉得好吗？”莫扎特的款款深情让康斯坦策动情。

“你就要走了，一切善良和美好的东西都远远地离开了我的生活。”康斯坦策由动情而转向悲伤。

“康斯坦策，你在说什么？我们要永远在一起，要一辈子在一起！康斯坦策，我喜欢你！我现在一无所有，我不愿强迫你。但是，当歌剧成功之后，我可以问你，您愿意嫁给我做我的妻子吗？”莫扎特终于按捺不住内心对康斯坦策的爱了。

“我也喜欢你！莫扎特，你是一个好人，我愿意成为您的妻子。歌剧肯定会成功的，它是那么美。”莫扎特深情地亲吻着她，直到她挣脱为止。

两个人就这样订下了婚姻的盟誓。一切看起来都是那么美好，似乎只要等歌剧上演，幸福就会来临。

虽然韦伯夫人对他们订婚感到高兴，但是她希望能够从自己未来女婿那里得到一些好处。而康斯坦策非常反对自己母亲的想法。因此，母女二人的关系逐渐变得疏远，时常会发生争吵。终于，莫扎特请求朋友瓦斯特斯推顿男爵夫人邀请自己的未婚妻住到她家一段时间。这似乎完成了一个真正意义上的“诱逃”。而韦伯夫人自然不甘示弱。她请求别人帮忙，最终迫使莫扎特同意在结婚之前要每年给韦伯夫人三百个古尔登。

但这件事情的发生，使得莱奥波德更加恼火。他原来就对韦伯一家没有好感，并反对这门亲事。何况现在，韦伯夫人竟然变本加厉地要求自己的儿子付给她这么多的钱。他愤怒地写信给儿子，严厉地苛责了韦伯夫人，甚至苛责了莫扎特和他的未婚妻康斯坦策。他要求他们分手。

但这一次，莫扎特终于没有再一次屈从父亲的意志。他坚定地为康斯坦策辩护，并决心一定要将这份感情修成正果。

1782 年 7 月，《后宫诱逃》终于上演了。演出虽然没有完全征服约瑟夫皇帝，但却依然在整个维也纳掀起了观看的热潮。人们对这部歌剧交口称赞。终于，他们可以迎来自己的婚礼了。莫扎特借着给萨尔茨堡市长的儿子创作小夜曲的机会，给自己的父亲写了一封信，请求父亲能够允许自己同康斯坦策结婚。

父亲那边是长久的沉默。莫扎特决定不再等待。1782 年 8 月 4 日，莫扎特和康斯坦策在维也纳的斯蒂芬大教堂举行了神圣的婚礼。莫扎特甚至为自己的婚礼谱写了庆典乐曲。在他们结婚的第二天，莫扎特收到了父亲的来信。父亲终于同意了他们的婚事，莫扎特心里的一块石头终于落地了。

他们结婚那天，路易丝和她的丈夫没有来参加婚礼。

莫扎特选择了离开宫廷乐队，几乎注定了他的清贫。康斯坦策能够甘愿做一个支持丈夫事业的女人，并默默地付出一切，这对莫扎特来讲，是最大的幸福。在他们结婚之前，莫扎特曾经发誓要写一首感恩弥撒。但是由于这部作品的计划写得过于庞大，以至于在莫扎特英年早逝的时候，它还没有完成，不能不说这是一个很大的遗憾。

邂逅海顿

约瑟夫·海顿，是莫扎特特别敬仰的音乐家。莫扎特17岁的时候，他在维也纳第一次听到了海顿的音乐。当时海顿的音乐已经对莫扎特的创作风格产生了深远的影响。但是，那时候这两位音乐天才还并未见面，也就并未相识。

莫扎特还在进行《后宫诱逃》的创作的时候，一个偶然的机会，他见到了海顿。那天，莫扎特受到皇帝的邀请，去参加一场音乐会。在去见海顿之前，莫扎特已经感受到了难以言表的幸福：他今天就能够认识海顿了！海顿是一个像他一样，将音乐看作生命的男人。父亲疼爱着莫扎特，但却并不能理解莫扎特。娜内尔也是，甚至连康斯坦策也无法理解莫扎特。但是，海顿能够理解他。

而海顿显然也对莫扎特仰慕已久。他见到莫扎特的时候，首先说的是："我太高兴了，这么多年来，我一直期待着这样的时刻，有幸能同您第一次握手！"要知道，海顿比莫扎特大了整整24岁，他完全可以做莫扎特的父亲。

第二天，海顿拜访了莫扎特的住处。莫扎特为海顿弹奏自己的《伊多梅纽斯》中的片段，也弹奏了《后宫诱逃》中的片段。当他结束弹奏的时候，海顿动情地说：

"在多年以前，我就对我的弟弟米夏埃尔说，说我有几分天才。但是你，莫扎特先生，远远地超过了我！莫扎特先生，我终于找到了你，这是上帝的一份真正的礼物！也许我等不及我那善良的老亲王的死去。但是我要在此之

海顿

前来到维也纳，为的是在你的近旁。我能从你那里学到更多的东西。我身上好像还有某些东西在沉睡，通过你，它们能够被唤醒！”

在此后的岁月中，莫扎特和海顿结下了不解之缘。他们之间不存在任何年龄上和交流上的隔阂。在音乐创作上，他们惺惺相惜。

莫扎特以海顿为师。他曾经创作了六首优美绝伦的弦乐四重奏乐曲献给海顿，以此来表达对这位“教他应该怎样谱写四重奏”的音乐大师的崇拜和感激。在这些乐曲的献词中，莫扎特写道：

“当一位父亲要将自己的儿子带入这个花花世界的时候，自然期望能够将他们托付给一位驰名远近的名人，受他保护和指导，最好此人还是他的好友。我亲爱的挚友，请您接收我这六个儿子，它们是我长期辛劳所得的结晶。我的朋友，在您停留在此间的最后时日，曾对这些作品表示喜欢之意，您的认可让我鼓起勇气将我的孩子交给您，并殷切希望它们能够不负您的希望。请您以父亲的眼光多多包涵纵容它们的缺点；同时也期待您与我这位如此珍爱这段友情的朋友，继续维持挚友的情谊。（您由衷真诚的朋友）”

而海顿后来曾经对莱奥波德说：“我以我自己的名誉

担保向您发誓，我认为您的儿子是我所听到过的最伟大的音乐家。”海顿对莫扎特的器重，在他的这封信中也可以得到清晰地展现：

“如果我能激发每一个音乐爱好者以和我一样热情和深刻的理解去聆听莫扎特无与伦比的作品，那么，各国就一定会为享有这颗明珠而竞相争夺了。我认为布拉格应当尽量保持已经得到的宝贵财富，但也应当给他适当的报酬。做不到这一点就会使天才的音乐家生活得贫困凄惨，使他无法进一步努力创作。对于莫扎特至今仍未收到任何王朝的邀请，我感到愤愤不平。请原谅我跑了题，但我忍不住，因为莫扎特实在是我亲密至极的朋友。”（1838 年给维也纳宫廷诗人庞特的信）

即使是在莫扎特去世之后，海顿依然经常在各种场合表达自己对莫扎特的敬仰和思念。他说：“朋友们经常吹捧我，说我是天才。但其实莫扎特在我之上。”“我只希望，我自己对莫扎特那怎么也仿效不了的音乐的深深赞赏之情，也能让每一位音乐朋友，尤其是那些伟人，分享到一份相同深刻的对音乐的共鸣……请原谅我的激动，因为我太爱这个人了。”

第6章：婚后生活（1783—1791）

蜜月归乡

新婚的夫妇生活得美满幸福。1783 年 6 月中旬，莫扎特的第一个孩子来到了这个世间。莫扎特立即给自己的父亲写信报喜：“祝贺您，您做祖父了！昨天一早，也就是 17 日 6：30，我亲爱的妻子幸福地生下了一个健康、漂亮的大胖小子！”

孩子的出生给莫扎特夫妇带来了极大的喜悦。然后，他们请了一位保姆照看自己的宝宝，夫妇开始了原先就已经计划好的蜜月旅行——返回萨尔茨堡。

自从莫扎特离开萨尔茨堡以后，发生了种种人生变故，他同父亲之间产生了各种分歧。父亲反对他辞职，父亲反对他结婚。但是莫扎特最终都执拗地按照自己的意愿选择了辞职，选择了同康斯坦策的结合。莫扎特对父亲充满歉疚，而康斯坦策的内心同样忐忑不安。她知道莱奥波德先生和娜内尔小姐都反对自己同莫扎特的婚事。而自己又是一个相貌不够出众、地位不够尊荣，甚至也没有什么才艺的平凡的女人。如果莱奥波德先生和娜内尔小姐在见到自己的时候特别反感和厌恶，那该怎么办？

莫扎特夫妇回到家时，父亲和娜内尔并没有早早出来迎接。他们走入后花园，才找到父亲莱奥波德。

“我很高兴，儿媳妇，终于见到你了！”

“最为尊敬的父亲，您知道，我是多么渴望这个时刻啊。特别是自从莫扎特赠送给我一幅您的肖像之后，我时刻把它带在身边，每天都要亲吻它！”康斯坦策的回答显得有些生分和拘谨，父亲莱奥波德也不知该如何回答。

相对来讲娜内尔还比较喜欢自己的这个弟妹。她们亲切地回到房中交谈。莫扎特跟父亲单独聊起这些年来的一些是是非非。显然，莱奥波德对莫扎特抛弃萨尔茨堡的职位依然不满，他甚至不能理解为何要抛弃这个稳定的工作，

姐姐娜内尔

而选择了现在这种漂泊流浪、居无定所的生活。他同样依然对自己的儿媳妇并不是特别满意——实际上，可能所有熟悉莫扎特的人都不是特别满意。他们认为莫扎特完全可以找一个条件更好的妻子。

晚饭之后，莫扎特和妻子返回房中休息。莱奥波德将内心积存的苦水倒给娜内尔："他不可能真的喜欢她，他是被迷住了。至于迷上什么我不知道，否则他们也不会结婚。但是一旦这种迷恋过去了，他就会看到，他干下了他一生中最大的一件蠢事！"

"您要求太苛刻了，父亲。您把所有的女人都同母亲相比，这样当然永远都不会满意。我觉得康斯坦策十分拘谨，明天她可能就不同了。"娜内尔安慰着父亲。

莫扎特借着回家的机会，拜访了一些老朋友。其中包括曾经为他创作了《伊多梅纽斯》剧本的瓦雷斯科神甫、约瑟夫·海顿的弟弟米夏埃尔·海顿、圣彼得教堂的多米尼克斯神甫。他们进行了非常深入坦诚的交流，同时决定要在圣彼得教堂办一场音乐会。

莫扎特的回归，在萨尔茨堡引起了不小的轰动。8 月 25 日，音乐会举办的那天，圣彼得教堂里座无虚席——除了大主教的包厢。

14 年前，在圣彼得教堂正是多米尼克斯神甫主持的弥撒仪式，这让当时的小莫扎特兴高采烈。莫扎特这一次创作了新的典雅的弥撒曲。新的弥撒曲在圣彼得教堂上演，不是最好的结束吗？

弥撒曲开始了。当莫扎特第一次走上管风琴廊台的时候，圣彼得教堂所呈现出来的异乎寻常的景象令他为之一惊。修道院院长前不久将之修葺一新，为这座古老的罗马式建筑装上了洛可可装饰，古老的形状借着这种华丽的洛可可风格的饰品显示出神秘的光华。在莫扎特的乐曲中，德意志的神秘主义和意大利的感官快乐融为一体。就如同这些年来，莫扎特艺术的一个轮回和再生！

萨尔茨堡，这一次是否能够让你孕育的天才放下心结，填补那份遗憾和忧伤？所有人都在谛听。

爱情的阴影

都说婚姻是爱情的坟墓。虔诚的天主教徒莫扎特在感情生活上也不是什么圣人，他也会经历感情的跌宕起伏。新婚不久的夫妇，也面临着爱情的考验。

这考验来自多方面。

最直接的一个打击便是他们爱情结晶的夭折。在11月底，当莫扎特夫妇回到维也纳的时候，他们简直不敢相信所发生的一切。他们在整装前往萨尔茨堡的时候，孩子还活蹦乱跳的，非常健康。但是当他们返回时，一切却已经物是人非。孩子是在8月19日去世的，死于惊风。在萨尔茨堡的时候，莫扎特曾经陪同自己的父亲前往家族墓地。在墓地里，他告诉父亲，如果自己的儿子现在也陪伴在他身边，祖孙三人将是多么的幸福！莫扎特甚至觉得自己的孩子很有可能会继承自己的音乐天赋，成为一名伟大的音乐家。但是现在，一切都已经烟消云散了。而作为孩子的母亲，康斯坦策也受到了很严重的打击。但是年轻的夫妇必须要从这种痛苦中解脱出来。

1784年，他们迁入了新的住所。这在一定程度上缓解了他们的痛苦。但是，他们还要面临其他的考验——实际上，一些不稳定的种子早就潜藏在他们的爱情里。路易丝，作为康斯坦策的姐姐和歌剧演员，是不会离开莫扎特的生活的。这也就意味着她总会在某种时刻让莫扎特反省自己的感情到底是出于什么样的考虑。

《后宫诱逃》上映之后，虽然德国歌剧受到了听众们的欢迎，但是约瑟夫皇帝显然更加喜欢意大利歌剧。他甚至从意大利、英国等地找了很多意大利歌剧的创作者和歌手。这不仅让莫扎特的生活变得艰难，也让身为德国歌剧演员的路易丝面临着巨大挑战。现在，路易丝担当了《后宫诱逃》中康斯坦策的角色。这个角色本来是莫扎特倾情为自己的妻子精心打造的，现在却让自己实际上一直心爱着的路易丝来演唱，三个人心中都有一种特殊的复杂感受。

路易丝来到莫扎特家，请求莫扎特根据她的嗓音而对其中的某些乐章作出更改。两个人就其中的某些细节进行探讨的时候，莫扎特蓦然发现他自己的内心一直没有完全将路易丝忘记。他也从路易丝的口中得知现在朗格先生对她并不好，或者从某种意义上来说，路易丝现在过得很不幸福。她告诉莫扎特：

“悲哀已经成为我的命运。莫扎特，本来不应当是这个样子的。在曼海姆的悲惨遭遇之后，慕尼黑的辉煌成功使我头脑发昏。那个时候我对你说，我从没有爱过你，那是谎言。当然不是一种炽烈的爱情，像小说里和舞台上所描写的那样。但我非常喜欢你！这是我必须告诉你的。”

一股强烈的情感涌上莫扎特的心头。他一把拉过路易丝，并亲吻了她。“路易丝，我想你！”这简单的几个字，包含了多少复杂的感情啊！

“路易丝，当我同你在一起的时候，我有这样一种感觉：我从来没有爱过康斯坦策！”莫扎特已经流出了泪水。

“莫扎特，不能再这样继续下去了。否则我们大家都不会幸福的。我们两人只能是好朋友、好伙伴。我可怜的康斯坦策！她心地是那样善良！”路易丝非常理智地压抑着自己的情感，也控制着莫扎特的情感。

“莫扎特，你根本不应该结婚。你现在所做的事正在使你的妻子不幸。你结婚才一年半啊！莫扎特，你必须注意：第一，把我从你的脑中忘掉。第二，不要做这么多的工作。音乐从你的心田中喷涌而出，这你无法抗拒。但是你既然能够抽出一两个小时来陪你的学生，那么你也可以抽出同样的时间来陪伴你的妻子！”路易丝谨慎地希望莫扎特一定要爱自己的妻子，要给她幸福——康斯坦策是自己的亲妹妹，她必须要让她获得幸福。

路易丝是莫扎特的一块心结。而莫扎特在结婚之后对康斯坦策的爱意也随着时间的推移发生了一些变化。莫扎特所关心的是他的音乐，而康斯坦策则要考虑生活的柴米油盐酱醋茶。他们开始有了一些争吵。

有一次在闲聊中，康斯坦策得知莫扎特拒绝了一份歌剧的创作邀请。而这个名叫《斑蝶》的歌剧后来经过萨列里的创作和排演，取得了非常好的票房成绩。康斯坦策非常不理解丈夫的选择。要知道，巴黎歌剧院对演出这部作品的酬劳十分可观。首次演出的二十场，付给作者每场二百法郎，后面的十场每场付给作者一百五十法郎，以后每场一百法郎，再往后每场六十法郎。而莫扎特竟然轻易地就拒绝了创作邀请。

“萨列里是一个富有的人，有一个有钱的妻子和一座豪宅。可是我们两个什么都没有，除了你举办音乐会能赚到一两千古尔登之外，我们一无所有。”康斯坦策不无抱怨地说，“我看不起你的原则！我要求你考虑考虑你的家庭的幸福，考虑你的妻子的幸福。她再过一两个月就又要做母亲了！如果你不愿意为她着想，那你怎么会有勇气将这个孩子带到世界上来！”

是的，无论多么炽烈的感情，似乎都要经受现实生活的考验。但莫扎特首先是一个音乐家，之后才是一个现实世界里的人。他人生中最重要的事情就是自由地创作。他的使命就是创立德意志歌剧。如果妻子不能理解他的人生理想，那么他们的感情必然会受到严峻的挑战。

父亲的去世

1784 年春天，莫扎特得了一场重病。当时他只有 28 岁。据说这场病是肾脏病，差一点夺走了他的生命。娜内尔在这一年结婚，莫扎特因为身体虚弱而没有能够亲自参加姐姐的婚礼。

娜内尔嫁给了比他年长 15 岁，并且曾经已经结过两次婚的贝尔谢托德男爵。这个时候，她已经 33 岁了。娜内尔为自己弟弟的成长也做出了巨大的牺牲，毫无疑问她是一位伟大的女性。姐姐出嫁后，在萨尔茨堡，就只有父亲孤苦伶仃地生活了。

莫扎特十分敬爱自己的父亲。他想到自己父亲将就此孤苦伶仃地生活，心里十分难受。因此在维也纳换了一所大一点的房子，如果父亲愿意的话，就把他接过来安置在自己身边。不过父亲显然不太愿意这样做。他宁愿在萨尔茨堡安静地研究文学和圣经，安静地度过自己的晚年。

1784 年 9 月 21 日，莫扎特的第二个孩子降生了。孩子的出生给最近动荡不安的家庭带来了很大的幸福。次年初，莱奥波德专程从萨尔茨堡赶到维也纳，看望儿子、儿媳和孙子。这实际上是莱奥波德自儿子结婚之后第一次，也是最后一次访问维也纳。

康斯坦策为公公的到来做了精心的准备，将家里收拾得舒适惬意。莱奥波德先生显然非常满意，他将自己的满足之情通过信件传达给了远在他乡的娜内尔。当时，海顿频频造访莫扎特家，他也愉快地同莱奥波德交谈。海顿对莫扎特的评价“我以自己的名誉担保向您发誓，我认为您的儿子是我所听到过的最伟大的作曲家”就记录在了莱奥波德写给娜内尔的信中。

充分利用在维也纳的时间，莱奥波德还出席了很多场音乐会。其中莫扎特在梅尔格鲁贝大厅举行的音乐会让莱奥波德感到非常满意。在听完莫扎特的《d 小调第二十钢琴协奏曲》之后，他用如下的语言来表达自己的愉悦之情：

“曲子简直优美极了！昨天我到达这里时，抄谱员还在忙着誊抄乐谱呢。你弟弟不得不给他们指点，连弹奏一遍的时间都没有。我被安置在一个高级包厢里，能清楚地听到各种乐器的转调，我高兴得都流下泪来。你弟弟离开舞台的时候，皇帝取下帽子向他致意并喊道：‘弹得好！莫扎特！’他已经下台了，但是掌声、欢呼声仍然经久不息……”

儿子的成功，正是这位两鬓斑白的老父亲终生努力争取的成果。在晚年，能够看到儿子取得这样的成就，老父亲感到十分欣慰。莱奥波德对莫扎特的爱是无微不至的。他曾经在给儿子的信中描述过莫扎特小时候的一些事情，从中我们可以看到莱奥波德伟大的父爱：

“只要听不到你弹钢琴或拉小提琴，我就会感到忧伤。每次回家时，都会有一丝忧愁袭上心头，因为还没有走进家门，我就期望能听见你优美的小提琴的声音。”正是因为对儿子的爱如此强烈，对儿子音乐才华如此看重，莱奥波德才会在日后对儿子的私人生活管束很多。虽然两人在很多问题上产生了分歧，但这都是沉甸甸的父爱。当晚年的莱奥波德看到莫扎特在维也纳取得了如此的成功，那种幸福的感觉可能不是每个人都能够感同身受的。

之后，莱奥波德就返回了萨尔茨堡。1787 年，父亲得了重病。娜内尔写信告诉莫扎特，父亲已经卧病在床，莫扎特焦急万分。他赶紧给父亲写信：

“我听说您病了，真希望能从您那儿听到一点让人安心的消息，虽然我已经做好了心理准备，以接受人生最坏的变故。死亡，如果我们认真思考，会发现那其实是我们存在的最终目的。过去几年里，我已经和这位人类最好、最真实的朋友建立了亲密的关系。所以它的样子已经不再令我恐惧，而是让我平静、宽慰。既然死是我们生命真正的终极目的，它对我来说就不再是某种令人惊恐的东西，而是让我感到安宁、宽慰的东西。我感激上帝让我有机会认识死，上帝让我知道，死是通往真正幸福的钥匙。我希望，也相信在我写这封信时，您已经觉得好些了。不过万一和我期望的正好相反，您没有复原的话，我恳请您不要隐瞒我，一定告诉我真相，或者差人写信告诉我，我一定火速奔到您的面前。我请求所有的圣者为您祈祷，同时祝福我俩。”

从信中，我们不仅看到了莫扎特对父亲深沉炽烈的感情，也看到莫扎特身体欠佳、长期被病魔缠身的样子，更看到了他在病中对生命所作的深刻的思考。这时候，莫扎特只有 31 岁，按理正当青壮时期。但在无情病魔的摧残之下，他已经感觉到死亡的逼近了——实际上，莫扎特在四年之后就去世了。

1787 年，莱奥波德还是去世了，终年 68 岁。由于重病缠身，莫扎特没有能够赶到父亲身边，这不得不说是一个巨大的遗憾。莱奥波德·莫扎特的去世，不仅使莫扎特失去了一位智慧的、慈祥的、极具爱子之心的父亲，也使世界失去了一位天才的守护神。父子之间再也无法用书信沟通思想，作为后代的读者，也就无缘再见到莫扎特最后的岁月里同父亲的交流信件了。

莱奥波德·莫扎特，注定将以一个伟大父亲的形象，青史留名。

《费加罗的婚礼》

在萨尔茨堡生活的时候，莫扎特曾经跟一位名叫席卡内德的剧院经理有过深入的交往。当时，席卡内德带领自己的剧团来到萨尔茨堡演出，他同莫扎特从剧本谈到生活，成了亲密无间的朋友。不过，席卡内德的剧团是一个流浪剧团。在结束了萨尔茨堡的演出之后，他们就启程赶往别的地方去了。

但是在维也纳，命运却安排了二人的重逢。当席卡内德在普雷斯堡演出的时候，幸运地看到了奥地利皇帝的光临。皇帝对他的剧团十分感兴趣，并热情地邀请这个剧团前往维也纳——当时，凯特纳门剧院正闲置着，可以作为席卡内德剧团的演出地。

来到维也纳之后，听闻莫扎特也在这里打拼，席卡内德先生赶紧动身来到莫扎特的住处。两人一拍即合，并积极准备在凯特纳门剧院演出莫扎特的《伊多梅纽斯》和《后宫诱逃》。而之后，演出也的确获得了很大的成功。不过之后由于家庭原因，这个剧团还是解散了。席卡内德先生留在维也纳，成为一名剧院诗人。在一个阳光灿烂的午后，席卡内德先生找到了莫扎特。

他告诉莫扎特，现在他正在改编博马舍的《费加罗的婚礼》。这部戏剧在法兰西引起了巨大的轰动，但很遗憾的是，维也纳当局禁演这部法国戏剧。席卡内德希望将其改编成为一部德意志歌剧。

“为什么选择《费加罗的婚礼》?”莫扎特非常好奇。

《费加罗的婚礼》剧照

“你熟悉《塞尔维亚理发师》吧?《费加罗的婚礼》是它的后续。”席卡内德先生耐心地解释说，“阿玛维瓦伯爵和罗西娜结婚了。为了同她结婚，他放弃了他一直行使的贵族特权——他对庄园少女的初夜权。两年的时间过去了，他开始对他的妻子感到乏味，然后把目光转向了她的侍女，已经和费加罗订婚了的苏珊娜。费加罗这个时候早已经关闭了他的理发店，成了伯爵的仆人。现在伯爵想方设法，用各种阴谋诡计阻止费加罗的婚礼，或者至少使它拖延下来，以便达到自己的目的。但是最后，伯爵失败了。由于在这部剧中仆人最终战胜了自己的主人，人们就称这部作品是革命的，禁止它在维也纳演出。但是它却可以在法国上演。”

“我看不出为什么要禁演这部作品。我在贵族统治下经历过不少事情，有些我还能编成歌曲唱出来。若是有那么一部东西在剧院里表现和鞭挞这样的事情，那我会张开双臂欢迎它!”莫扎特的兴趣显然已经被激发了。

莫扎特如痴如醉地阅读着博马舍的这部作品。他从费加罗身上看到了自己的影子。他读到费加罗的独白：“伯爵先生，您究竟做了些什么把自己摆得这样高?您就是费了力气从娘胎里生出来，别无其他!”这样的话语，莫扎特也想原版送给大主教和不可一世的阿尔科伯爵。在自己和费加罗之间，莫扎特发现了越来越多的共通之处。

维也纳皇帝既然禁演了这部戏剧，那么即使是将其改编为歌剧，能够上演的机会也不是很大。但是莫扎特已经决定要创作这部作品。

这个时候，又有一位非常关键的人物出现在莫扎特的生活里。他是宫廷诗人达蓬特。实际上，宫廷乐长萨列里之前根据达蓬特所创作的剧本《一度是个富翁》谱写的歌剧，收获了一场可悲的失败。因此，萨列里将所有的责任推到剧本上，并放弃了同达蓬特合作，转而同达蓬特的竞争对手卡斯蒂合作。达蓬特为此感到岌岌可危，他的戏剧生涯怕是因此而结束了。因此，他赶紧前往皇帝那里，请求获得一次重新证明自己的机会。

萨列里同卡斯蒂准备合作创作一部新的歌剧《特鲁丰纽岩洞》，达蓬特同作曲家马丁也开始创作《好心的饶舌人》。这简直就是一场残酷的竞赛。达蓬特深刻地理解，如果要彻底站稳脚跟，还必须找到一个更好的作曲家合作。在维也纳，这个人非莫扎特莫属。

达蓬特赶到莫扎特家，问他是否有兴趣为自己写作一部歌剧。只要是莫扎特感兴趣的题材，他都可以试着为其编写剧本。莫扎特自然就向他介绍起自己特别感兴趣的《费加罗的婚礼》。但是，因为这部戏剧遭到了皇帝的禁演，他也不能确定这个选择是一定正确的。

但是，达蓬特却为此而感到兴奋。他认为，这部作品之所以被禁止演出，无非是其中包含有反对贵族的政治倾向。但是，如果将其改编为一部喜歌剧，削弱其中的政治成分，不仅会减少阻力，可能反而成为一种改良的典范，受到当局的欢迎。虽然莫扎特对达蓬特的说法还有一些疑惑，或者说是不太信任，但是能够有这么出色的一位编剧主动承担《费加罗的婚礼》的写作，就已经是一件特别值得高兴的事情。

1785 年，凯特纳门剧院上演了新的德国歌剧，但是效果非常差，这更加坚定了莫扎特创作意大利歌剧的想法。是的，他要将《费加罗的婚礼》写成一部经典的意大利歌剧。他要击败萨列里、马丁，而且要在意大利歌剧这片他们自己引以为豪的园地里击败他们！

不久之后，达蓬特的剧本送过来了。他基本上遵照了博马舍的原书主旨，但是却删减了很多情节，并非常巧妙地按照莫扎特本人的愿望，使用了多声部演唱的场面，把宣叙调限制到最少的程度。而其中莫扎特所希望保留的内容，譬如与贵族的抗争，也被恰当地保留下来。莫扎特非常满意整体的设计，只是他觉得伯爵夫人这个角色可能还需要重新设计一下。博马舍原书里，这位伯爵夫人在终场笑着宽恕了丈夫的不忠行为。莫扎特认为这样显得轻佻，没有感人的力量。他希望这位夫人对丈夫的爱情，像一种神圣的祭祀之火一般，在她纯洁的灵魂中熊熊燃烧。对伯爵夫人来说，围绕着她的丈夫的斗争是生死攸关的，而不是无足轻重的。因此，在终场伯爵请求夫人宽恕自己的时候，应当以一种神圣的方式回答，而绝对不能够轻佻浮躁。达蓬特虚心接受了莫扎特的意见。

1785 年 10 月，萨列里的《特鲁丰纽岩洞》演出了。这次演出获得了极大的成功。好在达蓬特的《好心的饶舌人》也取得了同样的成功。因此，这一场较量似乎要最终以《费加罗的婚礼》的成功与否来作最后的评判。

当莫扎特完成了《费加罗的婚礼》时，达蓬特就急冲冲地将这个好消息禀告给了皇帝。实际上，皇帝对这个剧本还是有很大的好感的。其中所宣扬的废除贵族特权、全民在法律面前一律平等的意识在皇帝的心中也是有的，他甚至也希望在自己的任期内能努力促成这一点。但是，他将这种任务上升到政治的层次——剧院不应当承担政治任务。剧院就应该是一个消遣的地方。所以，博马舍原版的这部充满了政治讽刺的《费加罗的婚礼》才被他禁止演出。但是现在，达蓬特已经将其改为意大利的宫廷喜剧。这样，它就可以名正言顺地进入剧院演出了。

皇帝召见了莫扎特，并很快就热情地允诺进行《费加罗的婚礼》的排练。在此之前，莫扎特和达蓬特的合作没有第三个人知晓。因此，当《费加罗的婚礼》即将上演的消息传出来的时候，整个维也纳都震惊了。他们不能理解为何前不久还禁演的戏剧，现在将要上演；谁也没有想到莫扎特重新创作了意大利歌剧。

1786 年 5 月 1 日，《费加罗的婚礼》举行了首场演出，获得了辉煌的成功。参加了该剧演出的爱尔兰男高音歌唱家凯利曾经写道：

“莫扎特和他的《费加罗的婚礼》所获得的彻底成功是史无前例的。座无虚席的观众都是目睹的人，甚至第一次和乐队一起的预演，也激起了极大的热情。当扮演费加罗的意大利男低音歌手贝努契用宏大的嗓音唱到费加罗的咏叹调时，像一道闪电一般激起了强烈的反响，台上的全体演员和全体乐队队员不约而同地大叫：‘好呀，好呀，大师！伟大，伟大，莫扎特！’我想乐队队员们从没有停止过用琴弓敲着谱架子以喝彩。而莫扎特呢？我永远忘不了他那激动的神情。他神采飞扬，脸上泛起天才的红光——这是难以用文字来形容的，只好让画家用他的生花妙笔来刻画了。”

达蓬特几乎在转眼之间就扭转了劣势，又重新在宫廷站稳了脚跟。但是，却有很多人转眼之间就忘记了为这部歌剧付出巨大努力的作曲家——莫扎特。当时社会正处于革命的风口浪尖，皇帝忙于内政外交。他能够有时间过问歌剧的演出本身就很难得了。如果期望皇帝这时候对歌剧投入更多的精力，那就是一种奢望。

之后，达蓬特、马丁等人连续地推出了很多作品。这在一定程度上也渐渐转移了维也纳人对《费加罗的婚礼》的兴趣。而实际上，虽然皇帝允许了该剧的演出，但是部分贵族也开始积极地反对——因为其中所反映的反抗贵族的精神，是他们所不能接受的。萨列里等人也积极从中作祟——他们看不得莫扎特的成功。因此，在演出八场之后，剧院停止了该剧的演出。

1786 年 10 月，莫扎特的第三个孩子降临在世上。但是很不幸，这个孩子也过早地夭折了。莫扎特在维也纳的生活似乎没有了起色。身边也有朋友劝莫扎特动身前往伦敦，在伦敦他可以赚到很多很多钱，或许还可以有一个固定的工作。不过，莫扎特的诉求遭到了父亲莱奥波德的拒绝——当时莱奥波德还没有去世，正在病重期。他显然不希望自己的儿子去一个离自己更加遥远的地方。他厌倦了儿子在外的漂泊，更何况身体每况愈下的莫扎特，也经不起这样的折腾了。

就在此时，他们从布拉格接到了演出的邀请。因为《后宫诱逃》曾经在布拉格上演，观众通过此剧为莫扎特的艺术才华感到惊叹。莫扎特的老朋友杜塞克夫人——莫扎特曾经为她单独创作了优美的乐曲，在听说《费加罗的婚礼》完成之后，热情地邀请莫扎特前往布拉格。图恩伯爵夫人也向他发出了邀请信。

在莫扎特写给自己的朋友雅克金的信中，他愉快地谈起了自己的这次行程：

“我们一抵达就忙得不可开交，直到一点钟才准备停当去赴宴。饭后，我的老朋友图恩伯爵夫人让她自己的人演奏音乐欢迎我，演出持续了一个半小时。这种真正的美的消遣我每天都可以享受到。六点钟，我们同卡纳尔伯爵去参加一场化装舞会，在那儿经常聚集着布拉格的美人儿，她们像过狂欢节一般。我兴致盎然地看到所有人随着我的被改成纯粹的舞曲和德意志舞曲的《费加罗的婚礼》音乐狂热地跳来跳去。这里除了《费加罗的婚礼》什么也不弹，什么也不演，什么也不吹，什么也不唱，即使是吹口哨也是《费加罗的婚礼》。除了《费加罗的婚礼》什么歌剧也不看，永远是《费加罗的婚礼》。这对我当然是一项殊荣……”

两天之后，莫扎特在剧院举行了一场个人音乐会。他用一首新的《C 大调交响曲》作为开始，这是他不久前刚刚完成的作品。布拉格人沉醉在莫扎特的音乐世界中。之后，布拉格剧院的经理向莫扎特提出希望莫扎特为他们创作一部新的歌剧的请求。莫扎特欣然允诺。后来，正是这个委托催生了《唐璜》的诞生。

总之，《费加罗的婚礼》在莫扎特的生命中是最为伟大的作品之一。它的演出在维也纳取得了巨大的成功，同时也给莫扎特的生活造成了双面的影响。维也纳的贵族们不喜欢莫扎特的这部作品，因此纷纷疏远了他，甚至莫扎特原来很多赖以生存的工作都受到了威胁。这让莫扎特的生活更加贫困。但是，这部作品却青史留名。

剧中的四个唱段：费加罗的咏叹调《再不要去做情郎》、男仆切鲁比诺的咏叹调《你们可知道什么是爱情》、罗西娜的咏叹调《何处寻觅那美妙的好时光》、罗西娜和苏珊娜的二重唱《微风轻轻吹拂的时光》，直到今天依然以一种不可抗拒的美拨动着听众的心弦，感动着听众的心灵。而《微风轻轻吹拂的时光》更成为美国著名电影《肖申克的救赎》中最感人一场戏中的重要音乐作品。而影片中黑人雷德的话："此刻我不知道这意大利女声正在唱的是什么，事实上我也不想知道，世上有好多东西最好是不要去解释。我愿意去想象她们正在唱的是用言语无法表述的，而能让别人的心灵引起共鸣的一种美!"这是对莫扎特音乐最好的赞赏。

贝 多 芬

1787 年，一个年轻人来到维也纳。他拿着科隆大主教玛克西米利安大公爵的介绍信，还有一笔可观的酬金。信中大公爵介绍说，眼前的这个十五六岁的年轻人，名字叫作路德维希·贝多芬。人们都说这个孩子有非凡的音乐才能。而大公爵本人也经常为这个孩子所演奏的钢琴曲而惊叹不已。这个孩子肯定值得莫扎特亲自教导一番。于是，莫扎特就承担了贝多芬音乐教师的职务。

1770 年 12 月 16 日贝多芬出身于德国波恩的一个贫穷的家庭。贝多芬的父亲是当地宫廷唱诗班的男高音歌手，碌碌无为、嗜酒如命；母亲是宫廷大厨师的女儿，一个善良温顺的女性，婚后备受生活折磨。贝多芬是七个孩子中的第二个，因长兄夭亡，贝多芬实际上成了长子。他的母亲第一次嫁给了一个男仆，丧夫后改嫁给贝多芬的父亲。

同莫扎特一样，贝多芬从小也显示出了过人的音乐天赋。但是他没有莫扎特幸运。莫扎特有一个疼爱他并倾尽所有培养他的父亲，而贝多芬的父亲虽然也知道要让贝多芬成为音乐家，但是他只知道打骂贝多芬，迫使贝多芬从 4 岁起就整天练习羽管键琴和小提琴。

8 岁时贝多芬首次登台，获得巨大的成功。11 岁发表第一首作品《钢琴变奏曲》。13 岁参加宫廷乐队，任风琴师和古钢琴师。这一切成就似乎都在沿着莫扎特的道路前进，他也被人们亲切地称为“第二个莫扎特”。

的确如此，莫扎特发现了贝多芬身上所具有的特殊的天赋。但是很不巧的是，这段时间莫扎特心烦意乱。一方面是因为父亲病重，一方面是自己手上有《唐璜》的编写任务。更重要的是，莫扎特知道贝多芬需要学习的是声乐、对位法等方面的规则，而这些莫扎特并不在行。但是他还是决定为了贝多芬而推迟《唐璜》的创作。

莫扎特仔细地看了贝多芬创作的几支钢琴曲，他发现其中流露出了一些阴暗、忧伤的感情。但是莫扎特绝对不会要求这个年轻的孩子改掉这些忧伤，强装笑颜。当年，自己按照内心的想法创作的音乐被肤浅的大主教视为阴暗的、不积极的音乐，那时候他的内心是多么愤怒啊！眼前这个天才，有着与自己同样的才华，但却有着比自己更加凄惨的童年。因此，他绝对不能够打击这位天才的音乐梦想。

仅仅在几堂课之后，莫扎特就看出来，给贝多芬上课，从学生的意义上来讲，一部分是多余的，一部分是不可能的。说多余，指的是钢琴演奏。贝多芬已经达到了如此高的程度，完全不需要进行单独的指导。说不可能，指的是理论教导。如果要教理论的话，也不适合这位音乐天才，而只适合那些资质平平的音乐小才子。于是，莫扎特对贝多芬的指导，仅限于让贝多芬弹奏自己的钢琴作品并同他进行讨论。而在这个过程中，莫扎特也越来越感觉到贝多芬竟然对自己音乐的感受和领悟如此深刻。他甚至觉得，贝多芬完全可以作为自己音乐的继承者！

正当莫扎特兴趣盎然，打算将自己的艺术中最好的和最神圣的部分教给贝多芬的时候，贝多芬却因为自己母亲身患重病而不得不返回波恩。如果母亲去世了，那么贝多芬就要留在波恩。因为贝多芬那嗜酒如命的父亲，是不会很好地照顾他和他那可怜的弟弟的。因此他必须留在波恩。

两位音乐天才的碰撞，时间如此短暂，没有激发出更大的火花，不禁让人感到遗憾。

《唐　璜》

1787 年 2 月，莫扎特从布拉格返回维也纳。这时候，他手中握有布拉格剧院创作一部新的歌剧的委托。至于创作什么歌剧，剧院经理并没有规定。他只希望莫扎特可以同达蓬特合作，创造出一部可以媲美《费加罗的婚礼》的剧作。对此他显然充满信心。

莫扎特找到达蓬特商量此事，达蓬特向莫扎特推荐了意大利的剧作《石客》。这部剧本由意大利剧作家乔瓦尼·贝尔塔蒂创作，是一个十分著名的故事。而剧作家达蓬特改编了这个剧作，从而使得其内容比之前的版本更加充实和完美了。

唐璜是中世纪西班牙的一个专爱寻花问柳的胆大妄为的典型人物。他外表英俊、举止潇洒、能说会道。他既厚颜无耻，但又勇敢、机智、不信鬼神。他利用自己的魅力欺骗了许多村女和小姐们，但他最终被鬼魂拉进了地狱。他本质上是反面人物，但又具有一些正面的特点。

在看到剧本，并同达蓬特进行了深入的讨论之后，莫扎特似乎已经找到了创作的灵感。“我要创作一部悲喜剧，或者是一部喜悲剧——完全像人的生活那样！”莫扎特将剧本带回家，仔细考虑了一天。然后他找到达蓬特，告诉他：

“您给我把安娜小姐写成这部戏的女主角，唐璜是与她相称的一个对手。贝尔塔蒂出色地把安娜带出了场，可她不应当在修道院的阴暗中消失，不应当把复仇的事情交

《唐璜》剧照

出去！——唐璜呢，看在上帝的份上，您不要把他写成一个普通的流氓，一个道德败坏的家伙。您如果把这样一个人放到舞台上，天性判定他永远是同样的诉求，永远是同样的经历，永远是同样的不满足。他一定有某种精灵的东西，某种超人的东西。您懂我的意思吗？”

之后几个月的时间，莫扎特的人生也遭受了变故。父亲去世了，生活的拮据和身体状况的持续恶化，都为这个家庭造成了一定的阴影。期间，音乐天才贝多芬来到维也纳拜莫扎特为师，也在一定程度上影响了莫扎特的创作。

9 月初，《唐璜》基本完成了，只需要做一些最后的修饰工作。康斯坦策又有了身孕，这是一个好消息。夫妇二人动身前往布拉格，准备在布拉格完成最后的创作和演出。在布拉格，他们住在杜塞克夫人的庄园。在这里，莫扎特获得了很好的创作环境，最终在 10 月完成了所有的创作。

10 月 29 日，莫扎特亲自指挥了《唐璜》的演出并一举获得成功。布拉格全城的人再度为之欢腾。据说每一幕结束的时候，观众们都热烈地鼓掌，并有节奏地喊着莫扎特的名字。这是一种无上的光荣。

后来，意大利作曲家罗西尼在细细品读了这部歌剧的总谱之后评价说：“莫扎特是‘唯一具有天才的技术和技术的天才的作曲家’。”而贝多芬对这部作品的评价则是“莫扎特把能够写出用在上帝身上也不过分的音乐才能浪费在一个浪荡子身上”。而歌德则表示：“音乐必须具备《唐璜》的素质，要是莫扎特将《浮士德》谱成了曲，那该多好啊！”

布拉格人民直到今天都依然在纪念着莫扎特。他们在1987年举办了《唐璜》首演200周年的纪念活动。没有音乐布拉格人似乎就活不下去，这不仅仅说出了布拉格人注重音乐、注重生活的品质，同时也揭示了布拉格人对音乐的渴望以及与音乐艺术的不解之缘。波西米亚人似乎比其他民族更能理解音乐，也更能理解音乐家。历史上，布拉格这座城市向无数穷困潦倒的音乐家敞开大门，为他们提供生息的场所。而莫扎特，就是最好的一个例子。

飘摇的维也纳

战争爆发了，俄国人跟土耳其人又打了起来。奥地利后来也卷入了这场战争。

与此同时，莫扎特从布拉格返回维也纳之后听到了一个噩耗。他的老朋友，维也纳宫廷作曲家克鲁格去世了。克鲁格是在维也纳为数不多的同莫扎特保持着紧密联系的能够深切地理解莫扎特音乐的音乐家。而克鲁格的去世，使得莫扎特感到非常凄怆。在这座城市，自己的朋友越来越少了——贵族们在疏远他，很多朋友都去了别的城市寻找新的发展。

但是克鲁格的去世，却使得皇帝最终决心把宫廷作曲家的位置给了莫扎特。这对莫扎特来讲，也是一件好的事情。不管怎么讲，这样他就获得了一笔稳定的收入。但由于战争爆发，皇帝在 2 月份亲自赶赴战场，所以，莫扎特没有更多的机会能够在皇帝面前展现自己的才能。战争也消耗了人们娱乐的心情。这段时间，维也纳的剧场十分冷清，所以莫扎特的歌剧也就没有太多的观众了，而在维也纳的巨大花销，使得莫扎特的生活依然过得十分清苦，他甚至要向自己的朋友们借钱，才能勉强维持自己的生活。

在这样的情况之下，莫扎特却又遭受了新的打击。不久之前，康斯坦策为他生下了一个可爱的小女儿，这是莫扎特的第四个孩子，同时也是第一个女儿。虽然莫扎特对她疼爱有加，但却无法抵挡命运的折磨。这个小女儿在生下来不久就因病夭折了。实际上，这四个孩子中只有一个孩子卡尔顽强地生存了下来。遭受到重大打击和艰辛生活折磨的康斯坦策，患了比较严重的神经衰弱，也病倒了。医生建议她去巴登进行一次疗养。莫扎特变卖了家里的一些银器才勉强凑足了进行疗养的资金。康斯坦策安心地去巴登了，莫扎特独自留在维也纳进行创作。

在这段时间里，莫扎特的作品显得十分阴沉。但是这段时间他的创作却如同火山爆发般喷薄而出。在接下来的一个月里，莫扎特创作了他一生中最后的、也是最为重要的三部交响曲：《降E大调第三十九交响曲》《g小调第四十交响曲》《C大调第四十一交响曲》。谁都无法相信，这三部凝聚着莫扎特独特灵感和智慧的巅峰之作，是在六周之内完成的。这可能是在种种的生活重压之下迸发出的天才的光芒！

“穷，但是聪明，埋头干活吧。即使不发财，你至少可以做个明白人。富，但是愚蠢如驴，好吃懒做吧。即使你不倾家荡产，你依旧是头蠢驴！”这是莫扎特在1786年写下的愤世嫉俗的话语。从中，我们也可以体会到莫扎特将全部的心血都放到音乐创作上来的心理动机以及巨大的动力。

1788 年 11 月，吃了败仗并且重病缠身的皇帝返回了维也纳。心情不佳的皇帝在看完莫扎特的《唐璜》之后，称之为“它对我们善良的维也纳人的牙口，却不是一道好菜”。一直对莫扎特抱有敌意的宫廷作曲家萨列里，正好借着皇帝的这句话将《唐璜》撤出了演出计划。虽然莫扎特也做出了很多努力试图扭转这样的颓势，但却没有人能够真正帮助他。之后，莫扎特就再也没有从皇帝那儿得到什么好的消息了。

这时候，在北欧演出结束返回维也纳的路易丝带来了好消息。她告诉莫扎特，他完全可以在柏林寻找到一份报酬很高的宫廷乐长的职位。实际上，自从腓特烈大帝去世之后，柏林的音乐圈子已经完全变了样。之前腓特烈大帝呆板而守旧，但是新国王弗里德里希・威廉愿意让当时各种流派的音乐都有机会获得发展。他特别重视格鲁克的音乐，这在腓特烈大帝时期是不可想象的。而新国王对海顿和莫扎特的音乐也抱有极大的好感。莫扎特的《后宫诱逃》已经在柏林上演了很久，而国王本人也是一个非常出色的大提琴演奏家，对莫扎特的四重奏音乐极为偏爱。狂欢节的时候，在王家歌剧院还会上演大型意大利歌剧，但通常的安排是德国的、意大利的和法国的歌唱剧，演员和乐队都是超一流的。

这样的机会值得去试一下。对维也纳已经没有太多期待的莫扎特也心动了。而莫扎特的学生卡尔·利希诺夫斯基伯爵在得知这个消息之后，也非常乐于邀请莫扎特作为自己的客人一同前往柏林，这等于解决了莫扎特的旅行费用问题。于是，他开始打点行装去柏林。

莫扎特实际上在波茨坦就见到了弗里德里希·威廉国王。威廉国王热情地欢迎了他。一个星期还没过，莫扎特就体会到了威廉国王宫廷音乐的风格。这是一种普鲁士和法兰西的混合物的风格，这样的混搭阻挡了自己的道路。实际上，国王非常想留住莫扎特，但是莫扎特自己动摇、犹豫了。在见到自己的老朋友杜塞克夫人的时候，莫扎特将自己的不安和忧虑倾诉了出来：

“我还不知道，泽菲。幸好我有时间考虑。国王非常仁慈，他想永远留下我，但不愿意强迫我。我是自由的，若是愿意的话，那我就去，一段时间之后也可以。但是如果我不愿意呢？泽菲，我对这个国家和她的人民感到十分陌生，我有这样的感觉，他们会永远使我感到陌生的。我在他们中间不会感到温暖的！当我在维也纳穿过大街小巷的时候，那语言我听起来就像音乐。可在这儿一切都似乎那么生硬，那么不可爱。在这样的环境下，我什么也想不出来，我的音乐思维停止了！这样的情况我之前从来没有过。过去，在音乐面前，我几乎无法解脱出来，它整天喷涌而出。可现在，一切都停止了，如果在柏林也这样，那该怎么办?”

比起生活的窘迫，更让莫扎特感到害怕的是创作灵感的枯竭。因此，虽然普鲁士国王答应给他优厚的待遇，莫扎特最终还是没有接受这个新的挑战。他想在维也纳寻找创作的灵感。

《女　人　心》

6 月份莫扎特返回了维也纳。他们一家的经济状况进一步恶化了。而且更为糟糕的是，康斯坦策这个时候又怀有了身孕，但却同时生病在床。莫扎特承担了全部的生活重担。他甚至悲观起来。在写给好友的一封信中，莫扎特表示："上帝啊，就是我最恨的人，我也不希望他陷入我现在的处境。""康斯坦策在静候命运的判决，要么康复，要么死去。这就是真正哲学意义上的听天由命。写到此处，我泪如泉涌。"

就在这样的情况下，莫扎特的第五个孩子降临在世界上，又随即夭折了。弗里德里希·威廉皇帝派人寄来了一个金烟盒和一百个弗里德里希金币。这在很大程度上缓解了莫扎特生活的窘困。莫扎特甚至开始想，自己为什么就不能横下心来去柏林。只要他愿意这样做，就可以一下子缓解生活的窘迫。在维也纳，人们似乎已经对他渐渐地失去了兴趣，为什么还要留在维也纳？莫扎特内心也在追寻着答案。

在这样艰难的境遇里，莫扎特依然没有停止歌剧的创作。面容憔悴的皇帝又一次出现在了莫扎特的演出中。莫扎特非常感激皇帝的善举，因此希望能够用一部作品来报答。而这个时候，达蓬特又向他提出了一个很好的想法。他讲了这样一个故事：

"两个军官坐在咖啡馆里，他们闲聊，最后谈到了忠诚，确切地说是女人的不忠。这两个人中有一个已经订婚了，他发誓说他的未婚妻绝对忠于他。于是，为了考验未

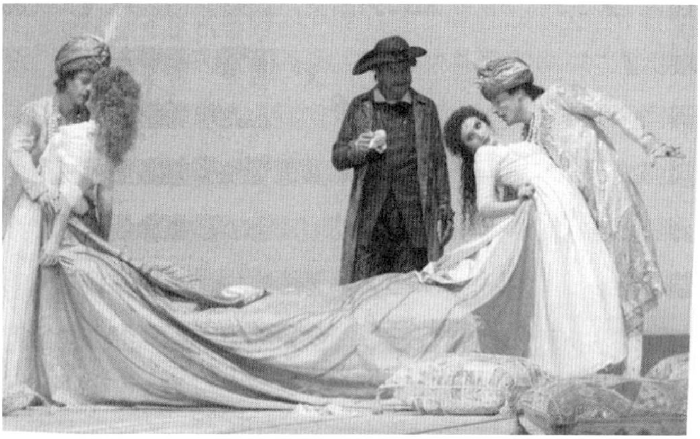

《女人心》剧照

婚妻的忠诚，他们两个就策划出一个诡计。军官告诉他的未婚妻，他必须要去参加对土作战。人们举行了令人感动的告别会，送别了军官。但是军官实际上并没有走，他化装成了一名高贵的阿尔巴尼亚人，脸上沾了个大胡子。他给自己写了一封推荐信，使得他能够进入他未婚妻家。他对他的未婚妻大献殷勤，主动追求她。这竟然真的使得自己的未婚妻准备解除同军官的婚约，同这个阿尔巴尼亚人结婚！这个时候，军官撕掉了胡子，露出了真面目，并同自己的未婚妻永别了！”

不久之后，对这个故事充满了热情的达蓬特就将自己创作的剧本拿给了莫扎特。达蓬特又一次证明了进行诗歌创作并不是自己的专长。除了之前提到的故事的基本情节之外，几乎所有的具体细节都是按照喜歌剧的老框架构建的：两个轻薄的美女、狡猾的侍女、年迈的哲学家，以及医生和公证人。而故事的主要情节则由对女人的评头论足、对男人的妄加褒贬和对爱神的高谈阔论等组成。

莫扎特本身对这个故事并不是特别感兴趣。康斯坦策读到这个故事的时候，也觉得有些脱离真实生活。一个女孩子怎么会真的认不出乔装打扮的情人呢？这几乎是不合理的。但是，进行这项创作，可以获得一笔相对可观的收入。这笔收入对现在的莫扎特一家来说十分重要。因此，莫扎特还是义无反顾地进行了这个曲目的创作。

这部作品是献给皇帝的。皇帝现在已经病入膏肓，因此，莫扎特实际上是在同死神赛跑。他夜以继日地工作，在圣诞节时完成了总谱的创作。1790 年 1 月 26 日，举行了首次演出。但是，这个时候的皇帝已经无法亲自来观看这部歌剧了。演出效果在当时不算热烈，但却在之后获得了广泛的好评。据说，现在这部歌剧依然是世界舞台上上座率最高的歌剧之一。

随着皇帝的去世，莫扎特宫廷作曲家的职位也丢掉了。他的第六个孩子也在出生之后不久就夭折了。生活的困顿和身体健康状况的恶化形成了恶性循环，莫扎特几乎要崩溃了。他甚至要持续不断地跟朋友借钱度日。

“昨天我才感觉好些，今天又突然变得糟透了，整夜疼痛难眠。请您想象一下我目前的情况——身体不适，而且烦忧焦虑缠身。这样的情况自然令我的身体一直无法复原。再过一两个星期，我手头就不会那么紧张了，这是一定的。但是目前我还是相当缺钱。您能不能再赞助我一点，帮助我脱离困境呢?”

后人在读到这样的信件的时候，一定会为莫扎特悲伤不已。天才的境遇如此凄惨，我们为之难过。但是不是也正是在这样的困顿之中，天才的创作才华才能够真正得以展现呢？我们不知道，但是莫扎特给了我们最好的诠释。

英格兰的诱惑

皇帝去世了。

1790 年 2 月 20 日，皇帝终于脱离了痛苦。随着皇帝的去世，莫扎特所担任的宫廷作曲家的职位也终止了。这样一来，养家度日的唯一收入来源只能靠莫扎特教授学生所赚取的学费了。这么多年来，身边重要的人一个一个地相继离去，莫扎特似乎已经把死亡看得很透了。而他自己长期以来持续恶化的身体健康状况，也让他更经常地思考关于生与死的问题。他甚至反思，自己在穷困之中对艺术的不懈追求是不是真的有意义。

这个时候却有两个极好的消息将莫扎特从这种悲观消

极的情绪中解放了出来。

第一件，就是莫扎特最敬爱的海顿先生来到了维也纳。莫扎特在得知这个消息之后，兴奋之情溢于言表。他马上动身前往海顿的住处登门拜访。

海顿原来的主人艾斯特哈齐亲王去世之后，新的亲王解散了乐队，因此海顿就离开了原来的住所，来到维也纳。但这也并非是一件坏事：新亲王允诺给海顿每年一千四百古尔登的养老金。这笔养老金足以让海顿过得衣食无忧。因此，即便海顿接到了赖斯普雷斯堡和那不勒斯宫廷乐队的邀请，他还是不为所动，坚持要到维也纳来。这里是欧洲音乐的中心，这里有他可爱的朋友——莫扎特。

看到莫扎特瘦削的样子，海顿十分心疼。他知道，莫扎特这段时间过得很糟糕。实际上，自从《女人心》完成之后，莫扎特只写了两首弦乐四重奏，除此之外没有任何新的创作——困顿的生活似乎湮没了莫扎特的创作激情。但是海顿的到来，似乎又要将这种激情重新点燃了，这让莫扎特兴奋不已。

第二件好消息就是一封不期而至的信。这封信来自遥远的伦敦意大利歌剧院的经理奥莱雷利先生，信中写道：

“我的愿望就是同有才能的人建立关系，现在我也能向您提供有利的机会，我建议您作为我的家庭作曲家来到我这里。如果可能的话，那您就在12月底到达伦敦，停留到1791年6月。在这段时间内至少谱写两部歌剧——正歌剧或者喜歌剧，根据经理部的选择而定——我为此将付给您三百英镑。”

“除此之外，您也可以在音乐会上登台，歌剧院的音乐会除外。如果您能接受这项建议，那请您明确答复，而这封信可视为合同。”

三百英镑！这相当于四千古尔登的收入！莫扎特简直兴奋得要哭出来了。这半年多来，莫扎特除了要忍受生活上的困顿和身体的不适，还要忍受内心的煎熬。而现在，这一切似乎终于要走到头了！

莫扎特想起了自己小时候前往伦敦的愉快经历，想起了同克里斯蒂安·巴赫的交往，是他将莫扎特带入了歌剧的殿堂。那儿还有他的老朋友曼佐尼——这一切美好的记忆似乎又要重新变为现实。

第二天莫扎特赶紧将这个好消息告诉海顿先生。海顿先生既为他高兴，也为不久之后的分别而难过。而恰好在此时，一位名叫所罗门的先生登门拜访海顿。所罗门先生出生在德国波恩，但是多年来一直生活在伦敦。他是一个小提琴家，同时也是音乐会经纪人。七年前，所罗门就向海顿先生发出过去伦敦演出一个季节的邀请，但是当时海顿太忙了，没有应邀前往。而听说海顿现在已经赋闲在维也纳，所罗门立即抓住这个机会前来试一下运气。实际上，他的运气真是好极了——他不仅同时见到了两位最伟大的音乐家，而且还是在莫扎特已经接到了伦敦的邀请之下前来。海顿和莫扎特如果携手前往伦敦，不仅伦敦人会感到无上幸福，两位音乐家也会为能够有更多的时间交往而充满幸福。

实际上，所罗门先生给的待遇极为优厚：海顿写一部歌剧的报酬是三百英镑，这相当于莫扎特写两部歌剧的报酬。同时，还有两百英镑的出版稿酬，在伦敦所参加的每场慈善音乐会还可以有两百英镑的收入。如果海顿愿意再写一部交响乐的话，那么还有三百英镑的报酬。这样前前后后加起来就有一千英镑！

这对莫扎特来讲真是一个天文数字。因此，他也极力促成海顿的伦敦之行，最终海顿也接受了所罗门的提议。两位伟大而亲密的音乐家，就要在伦敦大显身手了！

但命运却在这个时候跟莫扎特开了一个大大的玩笑——他患上了严重的胸膜炎。医生在为他进行了详细的诊断之后，建议莫扎特还是不要轻易动身前往伦敦。莫扎特的左半个胸腔积水，要在病床上静养许多个星期，也许要许多个月。

海顿先生来看望莫扎特并安慰他说，自己到了伦敦可以为莫扎特打前锋。他会向他遇见的所有人提起莫扎特的歌剧才华，他要让莫扎特在没有前往伦敦之前就让整个伦敦为他疯狂，对他充满期待！但莫扎特自己也明白这些是安慰人的话。他多么希望自己的身体能够好一些，好让自己可以跟海顿同时踏上前往伦敦的旅程。造化弄人，他也只能接受推迟半年前往伦敦的安排了。

1790 年 12 月 14 日，海顿要动身前往伦敦了。他最后一次前来探望莫扎特。莫扎特动情地对海顿说："亲爱的爸爸，这是最后一次相见，我们或许后会无期了。"

最后一次拥抱，最后一次致意。

《魔　　笛》

经过精心的护养和卧床休息，莫扎特终于康复了。虽然错过了伦敦之行，但是能够从重病中康复过来，就是最好不过的事情了。

莫扎特的老朋友席卡内德又一次来到了莫扎特的身边。席卡内德最近的生活过得很不错，实际上，他的剧院每天都爆满，他也赚得盆满钵满。席卡内德实际上还为莫扎特的伦敦之行没有成行而感到高兴——他为莫扎特又带来了一部新的德国歌剧剧本《魔笛》。

这个剧本的情节大体是这样的：

埃及王子塔米诺被巨蛇追赶却被夜女王的宫女所救，夜女王拿出女儿帕米娜的肖像给王子看，王子一见倾心，心中燃起了爱情的火焰。夜女王告诉王子，她女儿被坏人萨拉斯特罗抢走了，希望王子去救她，并允诺只要王子救

《魔笛》剧照

回帕米娜，就将女儿嫁给他。王子同意了，夜女王赠给王子一支能摆脱困境的魔笛，随后王子就起程了。事实上，萨拉斯特罗是智慧的主宰、“光明之国”的领袖，夜女王的丈夫日帝死前把法力无边的太阳宝镜交给了他，又把女儿帕米娜交给他来教导，因此夜女王十分不满，企图摧毁光明神殿，夺回女儿。王子塔米诺经受了种种考验，识破了夜女王的阴谋，终于和帕米娜结为夫妻。

实际上，最早的脚本并非如此。席卡内德希望能有一些幽默滑稽的东西。他坚持在里面有一个王子的滑稽随从——帕帕根诺，这简直就是席卡内德自己的化身。而最后，帕帕根诺也借助侍女给自己的银铃的神奇力量，找到了自己的心爱之人——帕帕盖娜。

席卡内德对是否能够在这个剧本中体现更多的伟大思想并没有什么想法。而莫扎特则坚持要有一个伟大而光辉的思想，譬如“光明战胜黑暗”。席卡内德将第二个修改版的剧本给莫扎特的时候，莫扎特依然感觉情节残缺不全，有些地方乏味而无聊。不过，席卡内德终归还是满足了莫扎特的基本要求。实际上，莫扎特毕生都在追求谱写一部优秀的德意志歌剧。只要剧本大体能满足他的需求，他就会全身心地投入其中。在 18 世纪，意大利歌剧一统欧洲歌剧舞台，因此，创作一部德意志歌剧一直以来都是莫扎特的梦想。早在 1783 年，他就曾经在书信中表达过自己的这个愿望："我更倾向于德意志歌剧。虽然写德意志歌剧需要我费更多气力，但我还是喜欢它。每个民族都有它的歌剧，为什么我们德国人就没有呢？难道德文不像法文、英文那么容易演唱吗？"1785 年，他又曾写道："我们德国人应该有德国式的思想、德国式的说话、德国式的演奏、德国式的歌唱。"

在莫扎特进行《魔笛》创作的时候，又发生了一段不大不小的插曲。一直对莫扎特抱有敌意的意大利人萨列里终于辞职了。莫扎特在得知这个消息的时候也曾经试图通过一些关系看能否取代萨列里的位置。但是最终还是失败了，另一个意大利人奇马洛萨成为萨列里的继任。但这并没有对莫扎特有太大的打击。实际上，莫扎特似乎早就对此倦怠了。现在，他手上有了一部德国歌剧的剧本，他就要用自己所有的热情来完成自己毕生追求的梦想了！

1791 年 6 月，康斯坦策再一次动身前往巴登进行疗养。莫扎特在维也纳继续自己的创作。6 月底，莫扎特终于完成了总谱的创作，但还有一些细节没有完成。实际上，一直到 1791 年 9 月 30 日《魔笛》首演的前一天，莫扎特才将最后一个乐谱写完。虽然莫扎特内心对这部作品能否成功还有所怀疑，但事实证明了自己的付出终有收获，首演大获成功。

从莫扎特在10月7日写给康斯坦策的信中，我们可以重新领略当时首演的盛况和莫扎特激动的心情：“我刚从歌剧院回来。剧场满座，一如前几场。有些唱段被要求再来一遍。但是，使我始终感到最愉快的，是那种无言的赞赏。”

10月13日，莫扎特甚至与自己的宿敌——萨列里一同观看了《魔笛》。莫扎特自己描述了当时的情景：“昨天下午6时，我叫了一辆马车，把萨列里和卡瓦里艾利夫人带到剧场中我的包厢里。你难以想象他们是多么讨人喜欢，而且又如此喜欢我写的这部戏。不仅是音乐、剧本，这一切，他们无一不感兴趣。他俩说，这可真是一部好戏，够得上安排在盛大的节日演给最伟大的君主看。如此美妙的戏他俩从来没有看过，他俩还想再来看好多遍。萨列里倾听、观看极为专注。从序曲到最后一曲合唱，没有一曲他不为之喝彩。看上去他俩好像对我有表示不尽的谢意。昨天，他俩是打定主意不管有什么情况都要到场的。演完了戏，我仍旧用马车把他们送回去。”

能够在最后得到自己的竞争对手如此高的礼遇和发自内心的赞赏，莫扎特感到极为欣慰。

“天鹅之歌”

传说天鹅在临死之前会发出它这一生当中最凄美的叫声，也许是因为它知道自己时间不多了，所以要把握这最后的时光，将它最美好的一面毫不保留地完全表现出来。

法国学者布封曾说：“我们在它的鸣叫里，或者宁可说在它的嘹唳里，可以听得出一种有节奏、有曲折的歌声，有如军号的响亮，不过这种尖锐的、少变换的音调远抵不上我们的鸣禽的那种温柔的和声与悠扬朗润的变化罢了。此外，古人不仅把天鹅说成为一个神奇的歌手，他们还认为，在一切临终时有所感触的生物中，只有天鹅会在弥留时歌唱，用和谐的声音作为最后叹息的前奏。据他们说，天鹅发出这样柔和、这样动人的声调，是在它将要断气的时候，它是要对生命做一个哀痛而深情的告别。这种声调，如怨如诉，低沉地、悲伤地、凄黯地构成它自己的丧歌。但是，每逢谈到一个大天才临终前所做的最后一次飞扬、最后一次辉煌表现的时候，人们总是无限感慨地想到这样一句动人的话：‘这是天鹅之歌！’”

莫扎特这个音乐天才，在临终之前也有自己的“天鹅之歌”——《A 大调单簧管协奏曲》。在莫扎特生活的时代，单簧管还是一件非常年轻的乐器，问世仅仅有四五十年的光景。莫扎特非常喜欢这个乐器，他曾经在 1778 年就写信给父亲说：“如果我们萨尔茨堡乐队里有单簧管就好了！你想象不出一首有长笛、双簧管和单簧管的交响乐，那演奏的效果是何等的灿烂！”莫扎特曾写了两首 A 大调单簧管作品。而《安魂弥撒曲》里，他也特别强调了单簧管的重要性。实际上，这两部 A 大调单簧管作品，都是写给自己的好朋友——单簧管演奏大师安东·斯塔德勒的。

莫扎特的《A 大调单簧管协奏曲》，不仅影响了当时，也影响了未来。正是由于受到了这部可谓是划时代的作品的影响，欧洲各地才陆续出现了大量为单簧管而作的作品，以至于后来的作曲家都把莫扎特的这部单簧管协奏曲作为他们效法的典范。

莫扎特一定是在歌剧《魔笛》首演（1791 年 9 月 30

日）后立即动手写这部协奏曲的。一个多星期后，莫扎特写信给在巴登附近疗养的妻子说，他已于10月7日写好斯塔德勒回旋曲的全部配器，估计他在一两天内就能写完总谱。我们虽不知道首演的日期，但与他写完的日期不会相距太久，因为按莫扎特的习惯，他总是要挨到演出日期逼近才动笔，紧巴巴地等到临演出前才交稿。

该曲的手稿现已遗失，但据说是专为斯塔德勒特制的单簧管写的，那支单簧管很特别，可以比一般单簧管低四个半音。不幸的是，最早的版本都是在莫扎特去世后十年，甚至更晚才付印的，而且全部把单簧管独奏声部修改成了符合标准的A调单簧管的音域。直到经音乐学家考证，才找出这些修改的范围和性质。独奏部分有三十来处经过改动，小至个别的特征低音，大至九小节长的段落，多半为移高一个八度，这样协奏曲就失去了最重要的音乐性，并改变了旋律线。早期的编辑这样做也是出于无奈，不然这部杰作就无法在一般的单簧管上演奏。近年来已制作成有斯塔德勒那样大音域的A调单簧管，因此，演奏者就可以吹奏莫扎特写的每一个音符，而不是人们熟悉并仍然喜爱的那个略经阉割的版本了。

这种抢救，或许是对莫扎特最好的纪念。两百多年来，这首乐曲一直是世界各国的音乐会上久演不衰的曲目。1985 年，根据丹麦女作家凯伦·布里克森的同名自传体小说拍摄的电影《走出非洲》的主题音乐，就采用了这首乐曲的旋律。而这支电影音乐，夺得了第 58 届奥斯卡最佳配乐奖。

《安魂弥撒曲》

1791 年 7 月 26 日，康斯坦策又为莫扎特生下一个孩子，取名为弗朗茨·克萨维尔·沃尔夫冈·莫扎特。这可能是莫扎特生命的最后时光中最值得安慰的事情。

莫扎特这段时间还在进行《魔笛》的创作。他常常会一个人走到斯台凡教堂去，一为避暑，二为静心思考。在一个闷热的夏日午后，教堂的司事突然问莫扎特，有没有去过教堂的墓穴。在司事的引领之下，莫扎特走入墓穴。安静，莫扎特似乎感受到了内心的宁静。所有人死后，都归于尘土。无论生前怎样，在死后都是一样的。

莫扎特带着深沉的思考回到家。有人登门拜访—— 一个神秘的不愿意透露姓名的灰衣人。

“我的主人前不久成为鳏夫。他想为他的夫人举行一次死亡弥撒。所以，他想有一首安魂曲，完全为个人单独使用的。他是您的艺术的一名崇拜者，因此让我来问问您，您是否愿意写一首死亡弥撒曲——价格由您定。”灰衣人平静地说。

安魂弥撒曲是天主教教徒在祈祷亡灵安息时所采用的带有浓厚宗教色彩的乐曲。在西方音乐史上，有不少著名音乐家都为此写过曲。而当莫扎特允诺了这个委托之后，他全身心地投入到这首作品的写作之中。他曾经告诉自己的朋友达蓬特：

“我的内心是宁静的，并不感到疲乏。我是乐天知命、心怀坦荡、无所畏惧的。人生曾经是多么美好！在极幸福的境况中，我开始了我生命的运行轨迹。直到今天，命运依旧是这样待我不薄。人该活得欢快，我要在这种欢快的氛围中写完我的安魂弥撒曲。我不会让这首曲子半途而废的。”

从墓穴中归来的莫扎特感到一种无法解释的恐怖，

在这之前他是无论如何都不会有这种感受的。但是，最近经历的事情太多了——虽然他从严重的胸膜炎中刚刚恢复过来，但是身体大不如前了。自己的妻子康斯坦策也因为长期持续地怀孕生子而让自己的身体不堪重负。莫扎特感受到死亡在向自己步步逼近。而灰衣人的出现，是否是冥冥中的定数呢?

灰衣人最终同意给莫扎特一百个杜卡特，这是一笔可观的收入，但金钱这个时候似乎已经不重要了。莫扎特内心已经感受到了死亡的神圣，他自己也希望能够创作一首非凡的弥撒曲。7 月初康斯坦策返回了维也纳，为了进行安魂曲的创作，莫扎特在 10 月又将康斯坦策送到巴登疗养去了。他需要一个安静的氛围进行这样一首神圣乐曲的创作。

从完成那部大型的《c 小调弥撒曲》以来，八年多过去了。除了《圣体颂》之外，在这段时间，莫扎特再也没有进行过宗教音乐的创作。《c 小调弥撒曲》是莫扎特在巴赫和亨德尔的强烈影响之下创作的，其中混有意大利成分。莫扎特现在感受到，在他生命结束之前，他要用一部作品做一次忏悔，这部作品应该是他在这个领域里的遗嘱。莫扎特在同死亡赛跑。

莫扎特每天要工作 14 个小时。他脸色煞白，眼睛浮肿，身体也开始有些虚胖。他甚至会在工作的时候一度昏厥。在巴登疗养的康斯坦策在得知这个消息之后忧心忡忡，甚至想通过一些朋友关系来劝导莫扎特。但是这些都是徒劳的，莫扎特甚至在客人来访的时候都不会放下手里的工作。

11 月的最后几日里，莫扎特的身体状况已经完全恶化了。但是《安魂弥撒曲》却依然没有完成。他把自己的学生叫到身边，告诉他："我的手指无法再活动了。过来，坐到我跟前！我们来配器。我告诉你我想怎么做，你记下来。如果我完不成的话，你就要靠自己去做了。主要你得注意一点，我要暗的色调。木管只要巴赛特单簧管和大管。"

虽然已经意识到同死神的这场赛跑几乎是不可能胜利的，但是莫扎特还是尽各种可能完成弥撒曲的大概轮廓。但最终，他还是带着遗憾离去了。1791 年 12 月 5 日，莫扎特逝世的那天，这首作品最终还是未能完成。

虽然这部作品并没有最终完成，但这并不妨碍莫扎特的《安魂弥撒曲》成为最成功的安魂弥撒曲。当时人们就评论这部作品："莫扎特在这部神圣的作品中流露了自己内心全部的感受，谁能不被其中涌流而出的虔诚信念和圣洁喜悦所打动呢？他的《安魂弥撒曲》无疑是献给基督教敬拜的优秀的现代艺术作品。”

后来，在海顿逝世之后的悼念仪式上，莫扎特的《安魂弥撒曲》让所有人为之动容。不仅仅是因为这首曲子非凡的艺术魅力，更是对这两位音乐伟人的音乐才华和真挚友谊的最高敬意！

今天，莫扎特这首作品的使用范围不仅超出了天主教的安魂仪式，而且其内在含义也随着人们的广泛使用和时代的变化而逐渐突破了“慰灵”和“追思”的意义层面，特别是对未亡人心灵的安抚和关怀。2002年9月11日，在美国纪念“9·11”恐怖袭击事件中遇难者遇难一周年的悼念仪式上，就演唱了这首神圣的、具有强大生命力和安抚力的乐曲。

天才的离去

莫扎特最后的时光，是在创作《安魂弥撒曲》的焦虑中度过的。他每天工作十几个小时，病中他甚至需要让自己的学生来从旁帮助自己写谱。这个时候，《安魂弥撒曲》似乎成为对自己的超度。

1791 年 12 月 5 日凌晨一点，莫扎特与世长辞了。康斯坦策的妹妹苏菲详细地记录下了莫扎特临终前的场景：

“我可怜的姐姐跟我来到门旁，求我看在上帝的面上去圣彼得教堂，让牧师——随便哪一个——来看莫扎特，做最后的弥撒。我这样做了，我为说服这些禽兽不如的牧师们费尽了唇舌，但他们对我的请求不予理睬。回来后，我见到了母亲，她正焦急地期盼着我的消息。天已经黑了，可怜的人，她受到了怎样的打击啊！我劝她最好和她的长女——约瑟芬·霍费尔待一夜，之后，我以最快的速度见到我那神不守舍的姐姐。苏斯梅尔（莫扎特的学生）守在莫扎特身旁，著名的《安魂弥撒曲》就放在他的被子旁，莫扎特说，在他死前，必须完成这个曲子。接下来，他告诉他的妻子，除非通知了阿尔伯里奇伯格——斯蒂芬大教堂的执事，否则密不发丧。寻找克罗赛特医生花了很长时间，最后在剧院发现了他，但他坚持要等到演出结束。他来了，执事简单地将一条冷毛巾敷在莫扎特滚烫的额头上。冷毛巾激化了莫扎特的病情，他陷入昏迷之中，直至死亡。”

“莫扎特临终前所做的唯一一件事，就是试着发出《安魂弥撒曲》中的定音鼓声。那声音我至今都还清楚地记得。”

莫扎特去世的时候，家里一贫如洗，甚至还有三千古尔登的债务缠身。

在这样的情况之下，他只能安放在穷人公墓里面，没有自己的墓地。葬礼简短而寒酸。12 月 6 日，莫扎特的灵柩运抵了斯蒂芬大教堂，也就是莫扎特同康斯坦策结婚的教堂。康斯坦策因为重病缠身，所以没有参加葬礼。参加葬礼的人很少——但是路易丝亲自参加了。

“他下葬那一天，雨下得很大，打算送他到墓地的朋友们走到城门就回家了。埋葬在乱葬岗上的人，当然不会

维也纳莫扎特雕像

为亲朋准备马车。他的棺木是市政局给的。这不算一笔大的开销吗？除了他的小杂种狗，没有人送莫扎特到墓地。这条忠实的小狗，在泥泞和冰雪中奔跑，在他的主人埋入穷人中最穷人的墓地时，它始终在场。……这条小狗是莫扎特像狗一样地被埋葬时，唯一在场的一位绅士。”美国历史学家房龙如是写道。

据说，当贝多芬得知莫扎特被送到公墓下葬时的情景时，他高呼着上帝的名字，狂暴而愤怒地喊道：“莫扎特！哦，这是耻辱，耻辱！选帝侯在哪儿？……那些富有的高贵的朋友在哪儿？侯爵们、伯爵们在哪儿？他们一生都在压榨他，应该把棺材重新起出来，给他修建一座殿堂！”

而远在伦敦的海顿更是老泪纵横：“我现在所能享受到的一切财富和荣誉都成了我心头的重压，我竟不能给他办一个像样的葬礼！如果在英国，他会得到国王一样的光荣！我第一次为我是德国人而感到羞愧！”

由于没有人亲眼观看莫扎特的下葬过程。因此，实际上没有人真正知道莫扎特被埋葬的确切位置。甚至没有人在莫扎特的墓碑上放置十字架。如今，在维也纳郊外的圣马克斯公墓里的莫扎特墓，是莫扎特的衣冠冢而已。

身　后　事

莫扎特逝世之后，他的死因却引起了后世的遐想。有人猜测，莫扎特是被竞争对手投毒而死，但是更多的资料则显示莫扎特是病死的。虽然天才的英年早逝让人惋惜不已，但是在 18 世纪，这也并非什么特别异常的事情。长期的经济匮乏和工作劳累，可能是导致莫扎特身患重病的重要原因。

有美国研究者认为莫扎特死于风湿病引发的心脏病，而也有研究者认为莫扎特死于当时欧洲流行的旋毛虫病。但实际上我们很难确定莫扎特的真正死因，因为我们手中的资料太匮乏了。而那个年代的医学并不发达，且莫扎特从小就经常因为生病而使用各种药品，无论是哪一个环节出了问题，都有可能导致不可挽回的创伤。

特别需要关注的一位人物是萨列里，萨列里长期以来都被认为是莫扎特的对手。他并非才华横溢，但也不是平庸之辈。他在当时的维也纳拥有极高的社会地位，但是他却非常嫉妒莫扎特的才华，并经常暗地里阻挠莫扎特的发展。但这并不能表明萨列里会暗害莫扎特。在电影《莫扎特传》中，萨列里就被暗示为毒死莫扎特的凶手，这让意大利的学者们感到耻辱。实际上，我们通过晚年两人之间的一些来往，也可以知道萨列里虽然并不希望莫扎特取代自己的地位，但却并不会做出特别过分的事情。现在，意大利的很多学者也在试图为萨列里正名。在莫扎特死后，康斯坦策甚至还让自己的儿子跟随萨列里学习音乐。如果真的是萨列里谋害了莫扎特，那么这样的举动是难以令人理解的。

萨列里之后带出了很多世界著名的音乐家，贝多芬、舒伯特、李斯特、车尔尼都曾追随萨列里。他曾经对自己的学生们说，那些声称他毒死了莫扎特的人是“极其愚蠢的”。实际上，关于莫扎特真正死因的探索，已经随着时间的推移而变得更加困难。我们也不必拘泥于这样的问题，真正地关注莫扎特的音乐，才是对他最好的追念和最崇高的敬意！

莫扎特画像

在莫扎特死后，28 岁的康斯坦策带着两个年幼的孩子生活得很艰辛。她在 1809 年，也就是莫扎特去世 18 年之后，改嫁给了一名叫尼森的丹麦外交官并搬到了哥本哈根居住。这个时候，她才真正有时间和精力开始整理莫扎特的信件并编写回忆录。1820 年，他们一起返回萨尔茨堡。尼森开始撰写《莫扎特传》，1828 年发表。1842 年 3 月 6 日，康斯坦策去世。

路易丝在 1795 年同自己的丈夫约瑟夫·朗格离婚了。离婚后的路易丝跟随自己的妹妹康斯坦策住在萨尔茨堡。1829 年 7 月，她在会见英国的诺维罗夫妇时曾感伤地表示，她至今都为当年没有接受莫扎特的爱而悔恨不已。1839 年，路易丝去世了。虽然作为一名歌手，她并没有留下太多传世之作和崇高的声誉，但是作为莫扎特最爱的一个女人，她却因此留在了历史之中。

娜内尔结婚后生了三个孩子。1801 年，她的丈夫去世了，娜内尔返回了萨尔茨堡，之后的 20 年里，她以教授钢琴为生。晚年，娜内尔双目失明。在黑暗之中，弟弟的音乐带给他最好的慰藉。1829 年 10 月 29 日，娜内尔去世。

康斯坦策、路易丝和娜内尔这三位伟大的女性，终年都是 79 岁。而康斯坦策的妹妹苏菲则活到了 83 岁。她在

1807年嫁给了一位男高音歌手。1826年，丈夫去世之后，苏菲也来到了萨尔茨堡，同自己的两个姐姐生活在一起。1846年，苏菲去世。

莫扎特只有两个孩子最终活了下来。大儿子卡尔和小儿子弗朗茨。卡尔虽然也曾经试着去做一名乐师，但却并没有太高的音乐天赋。因此，他最终离开了音乐，平平淡淡地度过了自己的一生。他终生未娶。

弗朗茨在莫扎特去世的时候只有四个月大。康斯坦策对他寄予了很高的期望，她甚至想效法自己的公公莱奥波德先生，将自己的儿子培养成欧洲闻名的天才音乐家。实际上，弗朗茨在4岁的时候就能够独立演奏歌曲，11岁的时候他创作了自己的第一首乐曲，14岁的时候举办了个人首场钢琴演奏会。萨列里在他16岁的时候保举他成为一名宫廷乐师。但是，毕竟父亲崇高的声望给了他太大的压力。后来，他辞去了宫廷乐师的职位，去了一个小镇当钢琴教师。1844年，53岁的弗朗茨离开了人世。同自己的哥哥卡尔一样，弗朗茨也是终生未娶。

之后的欧洲又涌现出了灿若群星的音乐家。但是所有人都要仰望莫扎特。他是音乐的精灵。虽然一生穷困潦倒，但他将自己的一生都给了音乐，并成为后世永远瞻仰的音乐巨匠。今天当我们聆听他的音乐，依然可以听到他内心激荡的才华和激情！

19 世纪的意大利作曲家威尔第在他 50 岁的时候，曾经这样娓娓诉说："在我 18 岁的时候，我认为我是最伟大的作曲家，也总是谈'我'。在我 25 岁的时候，我开始谈'我和莫扎特'。而在我 40 岁的时候，我就只能谈'莫扎特和我'了。而现在，我只谈'莫扎特'。"美国学者房龙则感慨道："随着年龄的增长，我越来越崇拜莫扎特。在我小的时候，除了贝多芬之外，没有我崇拜的音乐家。后来，我又听说了瓦格纳。他们都很伟大。但是，巴赫最后把他们从第一的位置上赶了下来。巴赫在我心中占据了第一的位置。但是，莫扎特，当我第一次听说他时，他就成为我最喜欢的音乐家了！"

肖邦在临终前告诉身边人："要演奏莫扎特的作品来纪念我！"无独有偶，莫扎特钟爱一生的海顿，去世之后就是用莫扎特的《安魂弥撒曲》做的纪念仪式。这些伟大的音乐家和学者，都用自己的方式向莫扎特表达了最崇高的敬意！

柴可夫斯基曾经专门写了一篇名为《我心中的太阳——莫扎特》的文章。在文章中，他动情地说：

“在我死后，人们当然会想知道，我的音乐爱好和见解如何。因为我是很少发表口头意见的。现在就从贝多芬开始，对他当然是要颂赞和奉若神明的。可我是怎么看待贝多芬的呢？我对他的某些作品中的伟大之处表示赞叹，但我不喜欢贝多芬。我对他的态度令我想起了我在童年时对上帝耶和华的态度。我对他怀有惊叹之感，但同时怀有恐惧之感。反之，耶稣却激起了我的喜爱尊重之感。他虽然是神，但同时也是人。他像我们一样受难。我们怜悯他，我们爱他的美好的、人性的一面。如果说，贝多芬在我的心中占着类似上帝耶和华的地位，那么，我爱莫扎特却如爱一位音乐的耶稣。莫扎特是一位那么天真可爱的人物，他的音乐充满难以企及的美，如果要举出一位与耶稣并列的人，那就是他了。”

我们也用柴可夫斯基的这段话作为结束语。我们向莫扎特这位“音乐的耶稣”致以最高的敬意，人类将从他伟大的作品中找寻到人性的光辉，沐浴爱的温暖！

附录：莫扎特年谱

1756年　1月17日，沃尔夫冈·阿曼德·莫扎特出生于萨尔茨堡。

1762年　前往维也纳，并在1762年10月为皇帝演出。

1763年　6月9日，开始欧洲之行。在巴黎凡尔赛宫为法国国王演出。

1764年　在伦敦逗留，在那里遇见音乐家克里斯蒂安·巴赫、意大利歌唱家曼佐尼等。巴赫和曼佐尼教会了莫扎特欣赏歌剧，从此莫扎特与歌剧结下了不解之缘。

1767年　创作的歌剧《第一诫的任务》和《阿波罗和雅辛托斯》上演。年底，维也纳约瑟法女大公爵与那不勒斯国王举行婚礼，父亲莱奥波德带莫扎特前往维也纳。

1768年　开始创作歌剧《伪装的傻子》。但是，由于奥地利皇帝的轻视，歌剧没有取得应有的效果。

1769年　返回萨尔茨堡。萨尔茨堡大主教十分欣赏莫扎特，任命其为萨尔茨堡宫廷乐师。年底，为了实现歌剧梦想，莫扎特跟随父亲开始第一次意大利之行。

1770 年　逗留意大利。在意大利，莫扎特创作了第一首弦乐四重奏，其卓越的才华受到意大利人的肯定。在罗马，莫扎特父子面见了教皇，并被授予教皇勋章，册封为金马刺教团的骑士。创作的歌剧《米特里达特》上演，轰动米兰。

1772 年　希洛尼姆斯·格拉夫·科洛莱多继任为萨尔茨堡大主教，莫扎特写了诞辰剧《西庇欧内的梦》献给他。不久，莫扎特被任命为乐队首席。年底，随父亲开始第三次意大利之行。12 月 26 日，莫扎特的歌剧《卢乔·西拉》首演获得成功。

1773 年　因为在意大利没有找到合适的工作机会，随同父亲返回萨尔茨堡。夏天，随父亲前往维也纳。年底，两人又动身前往慕尼黑。

1774 年　慕尼黑之行。莫扎特见到了巴伐利亚选帝侯，并呈交了自己的作品《乔装的女园丁》，然而并没有获得选帝侯的重用。

1777 年　不受大主教重用的莫扎特向大主教递交辞呈，他决心要到外面的世界实现自己的价值。9 月 23 日，莫扎特带着母亲动身前往慕尼黑。在慕尼黑，莫扎特依然没有得到选帝侯的重用。11 月 1 日，两人动身前往曼海姆。在这里，莫扎特认识了年轻的歌唱家路易丝·韦伯，并深陷感情。

1778 年　7 月 3 日，母亲去世。同年，萨尔茨堡宫廷乐长去世，大主教决定重新召唤莫扎特担任宫廷乐队的乐长。深陷母亲去世痛苦之中的莫扎特决定取道曼海姆返回萨尔茨堡。在此期间，莫扎特创作了一些钢琴奏鸣曲和小提琴奏鸣曲。

1779 年　1 月返回萨尔茨堡。大主教任命其为教堂管风琴师和乐队首席。

1780 年　创作歌剧《伊多梅纽斯》。

1781 年　1 月 29 日，《伊多梅纽斯》在慕尼黑首演。因为不愿意返回萨尔茨堡，莫扎特最终与大主教决裂，成为欧洲历史上第一位公开摆脱教廷束缚的音乐家。为了解决经济问题，莫扎特开始广泛接受创作邀请。该年，他创作了歌剧《后宫诱逃》。莫扎特与海顿在维也纳相识，并成为忘年之交。

1782 年　7 月 16 日，《后宫诱逃》在维也纳首演，获得了相当的成功。伴随着生活的逐渐安定，莫扎特最终决定与康斯坦策·韦伯走进婚姻殿堂。8 月 4 日，两人在维也纳斯蒂芬大教堂举办了婚礼。

1783 年　6 月 17 日，莫扎特的第一个孩子降临人间。夫妻两人决定动身返回萨尔茨堡，去看望父亲。在萨尔茨堡，莫扎特举办了音乐会，上演自己近年来的作品，取得了很好的效果。8 月 19 日，莫扎特的孩子不幸夭折。

1784 年　春天，莫扎特得了一场重病，差一点就丢了性命。姐姐娜内尔在这一年结婚。2 月 9 日，莫扎特开始写《我的全部作品目录》。9 月 21 日，莫扎特第二个孩子出生，不久夭折。

1785 年　春季，父亲莱奥波德专程前往维也纳看望莫扎特和自己的孙子。

1786 年　5 月 1 日，《费加罗的婚礼》在维也纳首演，获得了辉煌的成功。10 月，莫扎特的第三个孩子卡尔出生，并最终幸运地活了下来。

1787 年　2 月，莫扎特开始创作《唐璜》。开始布拉格之行。在布拉格，莫扎特不仅上演了《费加罗的婚礼》，而且在 10 月 29 日亲自指挥了《唐璜》的首演并一举获得成功。父亲莱奥波德在这一年身患重病，并最终在 5 月 28 日去世，终年 68 岁。贝多芬来到维也纳拜访莫扎特。莫扎特担任了贝多芬的音乐教师。不久，贝多芬因为母亲身患重病而返回了波恩。莫扎特第四个孩子出生，但不久又因病夭折。

1788 年　创作最后三部交响曲：《降 E 大调第三十九交响曲》《g 小调第四十交响曲》《C 大调第四十一交响曲》。

1789 年　跟随自己的学生利希诺夫斯基伯爵前往德累斯顿、莱比锡、柏林。莫扎特觐见了威廉国王，体会到威廉国王的宫廷音乐风格。虽然国王非常想留莫扎特担任宫廷乐长，但由于并不喜欢国王的宫廷音乐风格，莫扎特拒绝了这项提议。6 月，莫扎特的第五个孩子出生，不久夭折。开始创作歌剧《女人心》。

1790 年　1 月 26 日，歌剧《女人心》在维也纳上演。2 月 20 日，奥地利皇帝去世，莫扎特也随即失去了宫廷作曲家的职位。莫扎特在此时接受了伦敦一位音乐经纪人所罗门先生的邀约，准备前往伦敦创作歌剧。然而，莫扎特此时却患上了严重的胸膜炎，被迫放弃了此项行程。

1791 年　7 月 26 日，莫扎特第六个孩子弗朗茨出生，并最终幸运地活了下来。9 月 30 日，《魔笛》在纳也纳首演。在生命的最后时刻，莫扎特的心灵也回归平静。他陆续创作了《A 大调单簧管协奏曲》和《安魂弥撒曲》等著名乐章，成为这位音乐天才的“天鹅之歌”。

1791 年　12 月 5 日凌晨一点，莫扎特在维也纳去世，终年 35 岁。莫扎特去世的时候，家里一贫如洗，最终只能寒酸地安葬在穷人公墓。